Allitera Verlag

Restaurant-Fotografien von Sabrina Fiorin

Sabrina Fiorin arbeitet seit ihrem Master-Abschluss an der Ludwig-Maximilians-Universität München als Marketing Managerin. Als Freelance Fotografin verbindet sie ihre Leidenschaften für Ästhetik, Storytelling und Reisen. Mit ihren Bildern möchte sie einzigartige Geschichten erzählen und das Gefühl vermitteln, das Lokale und Brands so besonders macht.
Kontakt: www.safiori.com

Idee und Texte von Laura Werther

Laura Werther hat Germanistik an der Ludwig-Maximilians-Universität und Betriebswirtschaftslehre an der Technischen Universität München studiert. Sie arbeitet derzeit im Digitalen Produktmanagement beim BurdaVerlag. Die Liebe zu München, zum Reisen und zum Essen hat sie in ihren Texten vereint.

Illustration, Grafik und Gestaltung von Annika Mittelmeier

Annika Mittelmeier ist staatlich geprüfte Kommunikationsdesignerin und studierte an der Ludwig-Maximilians-Universität München Kunst und Multimedia. Nach ersten Erfahrungen in der Agenturwelt ist sie nun als Designerin bei einer Unternehmensberatung tätig. Ihr Faible für Illustration spiegelt sich in ihren detailverliebten Designs wider.

Laura Werther ◆ Annika Mittelmeier

KULINARISCHE WELTREISE DURCH MÜNCHEN

◆ Restaurants und Rezepte aus 22 Ländern ◆

Allitera Verlag

LIEBE ABENTEURERIN, LIEBER ABENTEURER,

Reisen erweitert unseren Horizont. Wir tauchen ein in fremde Kulturen, lernen neue Bräuche und Traditionen kennen, kommen mit interessanten Menschen in Kontakt und kehren mit neuen Inspirationen und vielen Eindrücken zurück nach Hause. Reisen bedeutet, die Welt und am Ende auch sich selbst ein Stückchen besser kennenzulernen, sich auf Unbekanntes einzulassen, Neues auszuprobieren und sich überraschen zu lassen.

Diesen Entdeckergeist, diese Neugier und diese Unbeschwertheit, die wir beim Reisen oft empfinden, sollten wir uns in der Heimat bewahren. Denn gibt es nicht auch hier exotische Düfte, besondere Orte oder fremde Ecken zu erkunden und können wir nicht auch hier Abenteurerinnen und Abenteurer sein?

Zwar ist München nicht dasselbe wie Bangkok, Tel Aviv oder Venedig (und das ist auch gut so), doch die Vielfalt der verschiedenen Küchen in Cafés und Restaurants ist überwältigend und an dem einen oder anderen Winkel der Stadt fühlt man sich so manchem fernen Sehnsuchtsziel ganz nah.

Dieses Buch ist für alle, die ein bisschen Fernweh haben, die sich an den letzten Urlaub erinnern oder auf den nächsten Trip einstimmen möchten. Es ist für alle, die gerade nicht reisen können, für Genießer und für diejenigen, die München noch besser kennenlernen möchten. Unsere kulinarische Reise führt uns einmal um die Welt, zu edlen Lokalen, gemütlichen Restaurants, besonderen Cafés und kleinen Imbissbuden. Dabei kannst du dich hoffentlich nicht nur geschmacklich auf neue Wege begeben, sondern erfährst zudem einiges über die verschiedenen Länder auf unserer Route und über das bunte, vielfältige München.

Wir wünschen viel Spaß beim Entdecken und Probieren sowie eine gute Reise!

Annika & Laura

PS: Alle Vegetarier und Veganer können sich freuen: Wir stellen auf unserer kulinarischen Reise durch München nur solche Restaurants vor, in denen es eine Auswahl fleischloser bzw. pflanzlicher Gerichte gibt. Allerdings gibt es in fast allen Restaurants auch Gerichte mit Fleisch, sodass für jeden Geschmack etwas dabei ist.

INHALT

Hej
SCHWEDEN

Hast du auch weitläufige grüne Ebenen, dichte Wälder, idyllisch an einem einsamen See oder Fjord gelegene rote Holzhäuschen oder kleine Orte wie Astrid Lindgrens Bullerbü im Kopf, wenn du an Schweden denkst? Neben den Kinderbüchern haben wahrscheinlich auch die zahlreichen Schweden-Krimis unser Bild des Sehnsuchtziels im Norden geprägt. Diese vielen Einflüsse tun der Schönheit Schwedens jedoch keinen Abbruch. Das Land fasziniert sicherlich nicht nur Naturbegeisterte, sondern auch jene, die es mehr in die Städte wie Göteborg oder Stockholm zieht, ebenso wie jene, die sich für klassisches, nordisches Design begeistern.

Nicht zu vergessen: die kulinarische Seite Schwedens. Denn hier kann das Land eindeutig mehr als die durch Ikea bekannten Köttbullar. Da gäbe es eine Vielzahl an wunderbaren Süßspeisen wie Semla (Hefeteigkugeln mit Mandelmasse und Schlagsahne gefüllt), süße Punschrollen, duftende Zimtschnecken oder Ostkaka (spezieller schwedischer Käsekuchen). Schwedische Gerichte können gut als Hausmannskost bezeichnet werden und reichen von Fisch in verschiedensten Variationen, Wildfleisch und Kartoffeln oder Rote Bete bis hin zu Limpa, einem traditionellen Roggenbrot, diversen Pilzen oder Beeren. Besonders beliebt: Smörgåsbord – ein schwedisches Buffet mit warmen und kalten Gerichten. So können besonders viele leckere Speisen entdeckt werden.

Auch die Kaffeekultur hat in Schweden übrigens eine lange Tradition, aber das kannst du bei unseren Café- und Restaurantvorschlägen selbst erleben. Wie wäre es also für ein bisschen Schweden-Feeling mit einer entspannten Bootsfahrt am Kleinhesseloher See und anschließend einer fluffigen Zimtschnecke oder weiteren Köstlichkeiten für deinen kulinarischen Stopp in Schweden?

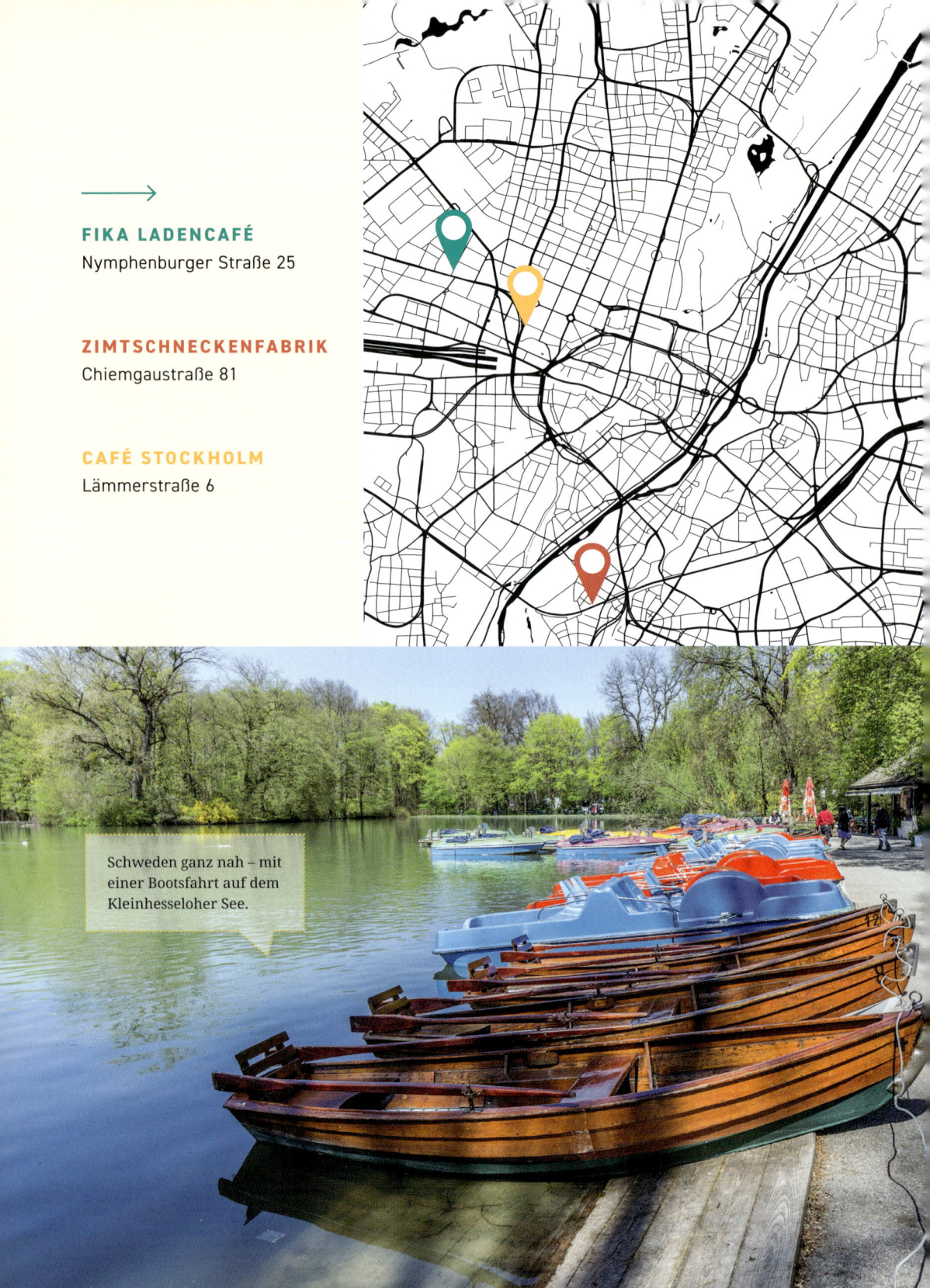

→

FIKA LADENCAFÉ
Nymphenburger Straße 25

ZIMTSCHNECKENFABRIK
Chiemgaustraße 81

CAFÉ STOCKHOLM
Lämmerstraße 6

Schweden ganz nah – mit einer Bootsfahrt auf dem Kleinhesseloher See.

FIKA LADENCAFÉ

Kaffeepause auf schwedisch

Fika ist eines dieser wunderbaren Worte, für die es in der deutschen Sprache kein adäquates Pendant gibt. Es beschreibt im Schwedischen eine 15 bis 45-minütige Kaffeepause, die man natürlich mit Kaffee sowie einem leckeren Gebäck und einem ungezwungenen Gespräch macht. Das schwarze Gold verbindet, schweißt zusammen und macht glücklich. Kein Wunder, dass Fika viel mehr ist als bloß eine kurze Pause, es ist ein Lebensgefühl. Kaffee gibt es quasi überall in Schweden, meist Filterkaffee, und wer eine Tasse bestellt, kann sich die nächste meist kostenlos nachschenken lassen.

Das Ladencafé Fika in der Maxvorstadt ist der ideale Ort für ein geselliges Zusammentreffen, für eine Pause vom Alltag, für Fika eben. Hier werden typisch nordische Stilelemente mit Omas Wohnzimmergemütlichkeit kombiniert, sodass flauschige Ohrensessel neben Tischchen aus umgedrehten Holzkisten und altbackene Stehlampen neben stylischen Lichterketten ihren Platz finden. Auch draußen kannst du es dir ganz entspannt unter dem Schatten der Bäume bequem machen und einfach mal durchschnaufen – bei köstlichem Kuchen (Bananenbrot und Schokoladenkuchen sind ein Gedicht), luftigen Croissants, klassischen Zimtschnecken oder verschiedenen Keksen. Hier kannst du getrost ein

LIEBLINGSGERICHT:
Bananenbrot

ATMOSPHÄRE:
Cozy Café

LIEFERUNG/ABHOLUNG:
Abholung möglich

ADRESSE:
Nymphenburger Straße 25,
80335 München

bisschen Zeit mitbringen, um der Fika gerecht zu werden und die vielen süßen Köstlichkeiten zu probieren. Mittags gibt es außerdem noch ein wechselndes Tagesgericht, wenn du deine Kaffeepause noch ein bisschen weiter ausdehnen möchtest.

Übrigens kannst du im zugehörigen Webshop oder direkt vor Ort ausgewählte Möbelstücke, den Fika-Kaffee oder auch das Fika-Magazin kaufen und dort zum Beispiel mehr über verschiedene Brühmethoden des Kaffees erfahren. Also entdecke die Kaffeekultur des hohen Nordens mitten in München und gehe dazu am besten immer dem Kaffeeduft nach. Viel Spaß beim Entschleunigen und Genießen!

ZIMTSCHNECKENFABRIK

**Giesinger Backstube mit den besten
Zimtschnecken außerhalb Schwedens**

Kanelbullar, Zimtschnecken, sind sicherlich das bekannteste Gebäck Schwedens. Die Kombination aus fluffigem Hefeteig, Butter, Zimt und Zucker riecht nicht nur köstlich, sie schmeckt auch hervorragend. Diesem wunderbaren Gebäck hat sich die Zimtschneckenfabrik in Giesing verschrieben und produziert in ihrer Backstube nach eigenen Rezepten täglich frische, von Hand gemachte Zimtschnecken. Dabei wird mit hochwertigen, naturbelassenen Produkten, die wenn möglich aus der Region sind, gearbeitet.

Die Auswahl ist riesig und so gibt es neben dem Klassiker zum Beispiel Zimt-schnecken mit Äpfeln, Beeren, Mandeln oder eine vegane Variante. Und wer zusätzlich noch mehr probieren möchte,

LIEBLINGSGERICHT:

Zimtschnecken

ATMOSPHÄRE:

Streetfood

LIEFERUNG/ABHOLUNG:

Abholung möglich

ADRESSE:

Chiemgaustraße 81, 81549 München

wird bei den vielen verschiedenen Törtchen und Kuchen sicherlich fündig. Ach ja, rustikales Giesinger Sauerteigbrot gibt es übrigens auch noch.

Bei der Zimtschneckenfabrik selbst kannst du die wunderbaren Gebäcke nur mitnehmen. Wenn du sie lieber in einem Café genießen möchtest, ist das zugehörige Café Fräulein am Viktualienmarkt bestimmt das Richtige für dich. Außerdem werden auch viele andere Cafés in München und Umgebung beliefert. Für das ultimative Schweden-Feeling ist eine köstliche Zimtschnecke also bestimmt ganz in deiner Nähe zu bekommen.

CAFÉ STOCKHOLM

Schwedisch-venezolanische Fusions-Küche am Hauptbahnhof

Auf den ersten Blick ist im Café Stockholm vor allem eines schwedisch: der Name. Denn statt hippem Nordic Chic und durchgestylter Deko ist der Gastraum lebhaft und bunt. Tische und Stühle sind wild zusammengewürfelt, es gibt eine Ecke mit Schallplatten, farbenfrohe Bilder und Poster hängen an den Wänden. Alles etwas durcheinander, aber vielleicht gerade deshalb so gemütlich. Auch beim Essen muss man zweimal hinsehen, um die schwedischen Einflüsse zu erkennen. Denn Julissa aus Venezuela führt das Restaurant gemeinsam mit ihrem Mann Niklas aus Schweden. Dem-

LIEBLINGSGERICHT:
Köttbullar

ATMOSPHÄRE:
Cozy Dining

LIEFERUNG/ABHOLUNG:
Abholung möglich

ADRESSE:
Lämmerstraße 6, 80335 München

entsprechend kannst du im Café Stockholm einen bunten Mix aus spanischen, venezolanischen und schwedischen Gerichten probieren, die Karte wechselt immer wieder. Mal gibt es hausgemachte Köttbullar mit Kartoffeln, Sahnesoße und Preiselbeeren, eine Lachssuppe mit Thymian, Kartoffeln und Weißwein oder Lachs aus dem Ofen mit Salat und Kartoffeln. Am besten schaust du einfach selbst vorbei und lässt dich überraschen, was die beiden mit viel Herzblut für dich zaubern. Ganz untypisch für München, dafür umso typischer für Schweden, gibt es im Café Stockholm vor allem Filterkaffee.

Und wenn du dich von Schweden aus wieder in wärmere Gefilde träumen möchtest, kannst du einfach eine der vielen südamerikanischen Gerichte wie Arepas oder Burritos bestellen. Diese sind mindestens genauso lecker wie ihre schwedischen Kollegen auf der Speisekarte.

München meets ⟶ Schweden

Obazda trifft auf Roggenbrot. Smörgås bedeutet übersetzt eigentlich Butterbrot, dabei meint es viel mehr als das. Die Brote werden mit reichlich Belag garniert, sodass sich daraus fast eine Hauptmahlzeit ergibt. Und weil der Kreativität bekanntlich keine Grenzen gesetzt sind, holen wir den schwedischen Klassiker mit Obazda nach München.

SMÖRGÅS MIT OBAZDA

**ZUTATEN
(2 PERSONEN):**

- 4 dicke Scheiben Brot (gerne Roggenbrot)
- 200 g Camembert
- 30 g Butter
- 2 EL Frischkäse
- 1 TL Paprikapulver
- ½ TL Kümmel
- ½ Zwiebel
- 8 Scheiben Gurken
- 4 Radieschen
- 4 Salatblätter
- Schnittlauch zum Garnieren
- Pfeffer
- Salz

Für den Obazden Camembert, Butter und Frischkäse auf Zimmertemperatur erwärmen lassen. Anschließend den Camembert in kleine Stücke schneiden und zusammen mit dem Frischkäse und der Butter mit einer Gabel zerdrücken, sodass eine cremige Masse entsteht. Paprikapulver und Kümmel sowie Salz und Pfeffer nach Belieben unterrühren. Anschließend kühl stellen.

Für das Smörgås vier dicke Scheiben Roggenbrot vorbereiten und diese mit Obazda bestreichen. Die Zwiebel in dünne Ringe schneiden und daraufgeben, ebenso wie die Gurken- und Radieschenscheiben. Schnittlauch klein schneiden und zusammen mit Salz und Pfeffer darüberstreuen. Mit den Salatblättern garnieren.

Von oben betrachtet sieht die Welt ganz anders aus. Während du in einer der gläsernen Gondeln des London Eye langsam empor schwebst, die Fußgänger und die Boote auf der Themse immer kleiner werden, während du die roten Busse auf der Westminster Bridge schemenhaft beobachtest und Big Ben quasi in die Augen blickst, verändert sich also die Perspektive auf die Dinge vollkommen.

Wie wohl die schroffen Felsklippen von Cornwall, die sanft geschwungenen Hügel in den Flusstälern des Yorkshire Dales Nationalparks oder die alteingesessenen Universitäten von Cambridge und Oxford von oben aussehen? Einfach mal den Blick auf die Umgebung verändern, rauszoomen, den Betrachtungswinkel ändern – all das können wir im Alltag genauso wie beim Reisen machen. Dazu müssen wir gar nicht unbedingt hoch hinaus. Unbekannte Wege, abseits der klassischen (Touristen-)Pfade und ein bisschen kindliche Neugier reichen schon aus, um die Welt einmal ganz anders wahrzunehmen.

Auch kulinarisch lässt sich ein Land auf eine ganz eigene Art und Weise wahrnehmen und was gibt es Besseres, als damit in England mit dem klassischen Fünf-Uhr-Tee zu starten? Bei einem Tässchen Schwarztee und traditionellem Hefegebäck lässt es sich nämlich hervorragend über die englische Küche sinnieren. Dazu gehören auf jeden Fall allerlei Pies in herzhaften und süßen Varianten, Scones, Fish and Chips mit Erbsenpüree oder Hash Brown, Kartoffelpuffer.

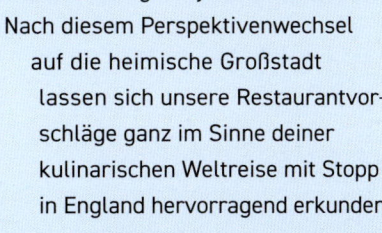

Natürlich gibt es viel mehr typisch englische Gerichte. Neben der Teekultur hat sich auch eine eigenständige Kaffeekultur entwickelt und ein starkes Pale Ale oder würziger Cider in einem urigen Pub darf bei deinem England-Besuch auf keinen Fall fehlen. Wie wäre es für ein bisschen britisches Flair mit einer Fahrt im Münchner Riesenrad High Sky im Werksviertel? Nach diesem Perspektivenwechsel auf die heimische Großstadt lassen sich unsere Restaurantvorschläge ganz im Sinne deiner kulinarischen Weltreise mit Stopp in England hervorragend erkunden.

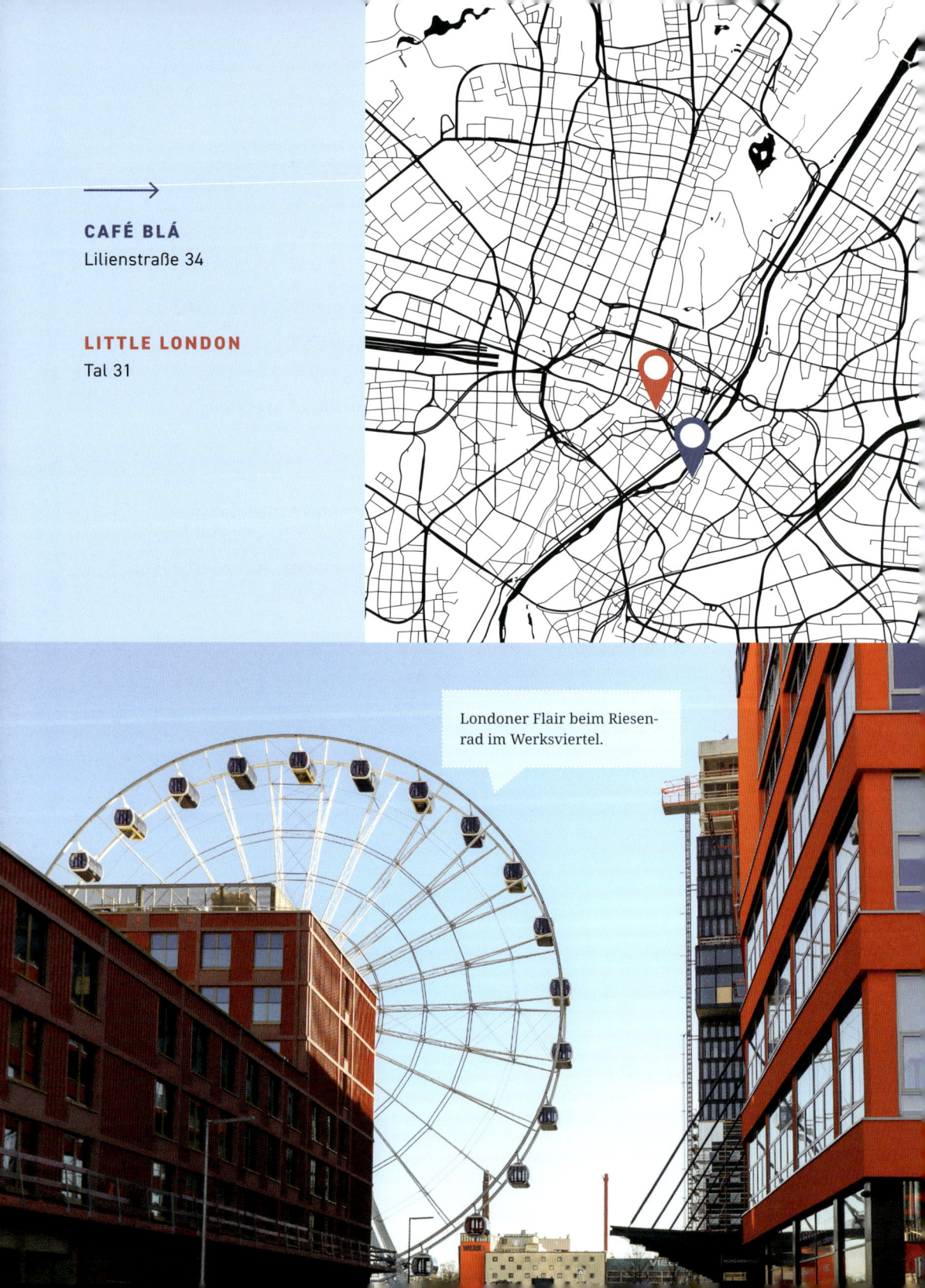

→

CAFÉ BLÁ
Lilienstraße 34

LITTLE LONDON
Tal 31

Londoner Flair beim Riesenrad im Werksviertel.

CAFÉ BLÁ

Gemütlicher Rückzugsort und geselliger Treffpunkt zugleich

Lange segelte das Café Blá unter isländischer Flagge durch die Münchner Café-Szene. Seit Kurzem hat sich der Wind ein bisschen gedreht und englische Einflüsse sind stärker präsent. Die ehemalige Inhaberin Stephanie hat das Café in neue Hände gegeben, an Jacob Foord und Alex Vits. Was geblieben ist: die gemütliche Atmosphäre, leckere Speisen und vor allem die nordische Kaffeekultur.

Denn England hat eben nicht nur eine ausgeprägte Teekultur, sondern auch eine vielfältige Speciality Coffee Szene mit vielen nordischen Einflüssen. Jacob und Alex rösten ihren Kaffee selbst und es gibt vor allem helle, leicht säuerliche Röstungen. Was Kaffee angeht, sind die beiden echte Experten, schließlich ist Alex der Geschäftsführer von Vits Kaffeerösterei. Und seit Jahren rösten Jacob und Alex den Kaffee für das Blá, sodass der Schritt, das beliebte Café in der Au zu übernehmen, nahe lag.

In typischen englischen Cafés werden nicht nur Kuchen, sondern auch unterschiedliche Speisen angeboten. Diese Vielfalt gepaart mit gutem Kaffee möchte der Engländer Jacob im Blá aufgreifen. Dazu hat ihn vor allem seine Zeit in Liverpool stark inspiriert und so finden sich auf der Speisekarte wechselnde englische Pies

mit schmackhaften Füllungen, reichlich belegte englische Sandwiches, welche dir auf der Zunge zergehen, aber auch cremiger Hummus oder gebackenes Gemüse.

Nicht nur das Essen, allein schon die Fassade des Café Blá ist ein Blickfang: Das hellblaue Haus, die bodentiefen Fenster und die anthrazitfarbene Verkleidung verleiten zum Stehenbleiben. Egal, ob du es dir vor dem Café auf einem der heiß begehrten Plätze bequem machst oder du im hellen Innenraum mit dem rustikalen Holzboden sitzt – im Café Blá findet jeder eine zweite Heimat, zum Arbeiten, auf einen Plausch mit Freunden, für eine Besprechung oder einfach für einen (schnellen) Kaffee to go.

Also hisse dein Weltreise-Segel und mache dich auf nach England, um die nordische Speciality Coffee Szene in München zu erleben und dich von den Back- und Kochkünsten verwöhnen zulassen!

LIEBLINGSGERICHT:
Schwarzer Kaffee

ATMOSPHÄRE:
Cozy Café

LIEFERUNG/ABHOLUNG:
Abholung möglich

ADRESSE:
Lilienstraße 34, 81669 München

→

Mit Jacob Foord vom Café Blá

Was ist die Geschichte zu deinem Café?

Im September 2020 rief Stephanie mich an und sagte, dass sie das Café verkauft. Ohne groß nachzudenken, habe ich »Ja, will ich machen« gesagt und sofort angefangen herauszufinden, ob dies für mich überhaupt möglich wäre. Zu meinem Glück hat Alexander Vits (Inhaber von Vits Kaffee) direkt zugestimmt, als ich ihn gefragt habe, ob der das Café Blá mit mir gemeinsam übernehmen möchte.

Fast forward: Mehrere Monate und ein Haufen Papierkram später habe ich Anfang Juli 2021 die Türen des Café Blá zum ersten Mal als Co-Inhaber und Geschäftsführer geöffnet.

Unter dem Spruch »Nordic Coffee Culture« (von Stephanie ausgedacht) leite ich das Schiff weiter, da dieser Stil von Röstung, Qualität und Hygge für mich genau dafür steht und außerdem dem entspricht, was ich selbst liebe. Nordic Coffee Culture ist außerdem auch in der englischen Kaffeeszene sehr präsent und vermittelt für mich zusätzlich eine Art Heimatgefühl. Dazu bringe ich meine Liebe und Neugier für alles Gastronomische in der Küche und vorne an der Theke mit ein.

Dieses wunderschöne grüne, freundliche Eck von München werde ich nun mit viel Herzblut weiterführen und damit auch die wundervolle Arbeit von Stephanie.

> »Jedes Mal wenn ich nach England reise, mache ich mir eine Liste von Gerichten, die ich in dieser Zeit unbedingt essen möchte.«

Welches Gericht drückt Heimat für dich aus?

Jedes Mal wenn ich nach England reise, mache ich mir eine Liste von Gerichten, die ich in dieser Zeit unbedingt essen möchte. Gerichte, die in München (und Deutschland) kaum zu finden sind. Un-

ter anderem ist das natürlich immer der Klassiker Fish & Chips. Eine Sache, die aber immer ganz oben auf der Liste ist, sind außerdem Pies. Einen Pie oder Pasty schätze ich seit meiner Kindheit sehr.

Als ich die Speisekarte für das Blá zusammenstellte, habe ich deshalb als erstes Rezept meinen Pie, mit Spicy Jackfruit und Brokkoli sowie Creamy Coconut- Soße gefüllt, entwickelt. Pies sind eine komplette Mahlzeit in buttrigen Teig gewickelt – wer könnte das nicht lieben!

Welchen Bezug hast du zu England?
Ich bin in Brighton geboren und in Wem (kennt ja niemand!) aufgewachsen. Obwohl ich mich jetzt als adoptierter Bayer sehr wohlfühle, bleibt England für mich immer meine Heimat.

Was bedeutet für dich Reisen?
In meinen Jahren als Musiker hatte ich das Glück, viel zu reisen. Damals war der Stil der Reise anders, da ich immer jemanden aus der Gegend mit dabei hat-

te. Das heißt, es gab immer gute Tipps für Essen und Getränke in jeder neuen Stadt. Dadurch ist meine Neugier fürs Essen gewachsen. Seitdem habe ich bei jeder Reise immer versucht, etwas Neues zu probieren und die Gerichte und Getränke wieder nach Hause zu bringen, als Erinnerung an schöne Orte und die Menschen dort.

Für mich ist Reisen die beste Chance, neue Lebensweisen und Kulturen zu entdecken, was mich als Menschen offener macht.

Was bedeutet für dich Heimat?
Heimat ist, wo meine besten Freunde und die Familie sind. Zum Glück habe ich deswegen jetzt in England und in Deutschland eine Heimat!

Was verbindest du mit München?
Die guten Freunde, die ich die letzten sieben Jahren kennengelernt habe, die süßen kleinen Häuser in den Backstreets von Giesing und Bier. Natürlich.

LITTLE LONDON

Britisches Ambiente für Gin-Liebhaber

Das Little London ist eigentlich ein klassisches britisches Steakhouse, hier werden also vor allem Fleisch-Fans glücklich. Dabei ist der Montague-Grill ein besonderes Highlight des Restaurants und bringt die mehr als zwölf hochwertigen Fleischsorten bei über 900 Grad zum gewünschten Garpunkt. Dazu gibt es verschiedenste Soßen, angefangen von Trüffeljus über Chimichurri bis hin zu klassischer BBQ-Soße sowie eine Vielzahl an Beilagen wie French Fries, Kartoffelgratin oder Cole Slaw. Übrigens, auch für Fisch-Fans hat das Little London mit Fish & Chips und Loup de Mer zwei Klassiker auf der Karte.

Doch nun die gute Nachricht für Vegetarierer: Zumindest eine kleine Auswahl fleischfreier Gerichte gibt es und die sind von genauso hochwertiger Qualität wie der Rest der Speisen. Wie wäre es zum Beispiel mit frisch-fruchtigem Tomaten-Brot-Salat, würzigen Safran-Tomaten mit Blauschimmelkäse als Vorspeise oder einem cremigen Thymian-Risotto mit Ziegenkäse als Hauptgang? Das alles ist zwar nicht unbedingt englisch, aber im richtigen Ambiente wie im Little London kommt sicherlich trotzdem etwas britisches Feeling auf.

Und dann gibt es ja schließlich noch die umfangreiche Barkarte, die nun wirklich keine Wünsche offen lässt. Eigene Gin-Sorten wie der frisch-fruchtige Little London Gin oder der experimentelle Loon sind ein Glas auf jeden Fall wert. Zusammen mit exzellenten Tonics und fancy Extras wie Ananas, Drachenfrucht, Zitrone und Thymian oder Orange und Rosmarin sind sie eine besondere Begleitung durch den Abend. Aber auch der traditionsreiche und prämierte Aspall Cider direkt aus England macht diesen kulinarischen Ausflug noch ein kleines bisschen authentischer.

Alles in allem versetzen dich das englische Ambiente und die edle Küche bestimmt für einen Abend nach England – was gibt es also Besseres für diesen Halt bei deiner kulinarischen Weltreise?

LIEBLINGSGERICHT:
Fish & Chips

ATMOSPHÄRE:
Fine Dining

LIEFERUNG/ABHOLUNG:
nein

ADRESSE:
Tal 31, 80331 München

München meets ⟶ England

Zwetschgen treffen auf Streusel. Klassisch wird britisches Crumble mit Äpfeln zubereitet, mittlerweile gibt es die Süßspeise aber mit unterschiedlichsten Obstsorten. Als Variation zum bayerischen Zwetschgendatschi dient dieser Zwetschgen-Crumble der bayerisch–britischen Völkerverständigung.

ZWETSCHGEN-CRUMBLE

**ZUTATEN
(2 PERSONEN):**

- 250 g Zwetschgen
- 50 g Mehl
- 50 g gemahlene Mandeln
- 25 g Haferflocken
- 65 g Zucker
- 50 g Butter
- 2 EL Zitronensaft
- ½ EL Zimt

Zwetschgen waschen, entsteinen und in kleine Stückchen schneiden. Anschließend mit Zimt, Zitronensaft und 15 Gramm Zucker mischen und in eine eingefettete Form geben. Für die Streusel Mehl, Mandeln und Haferflocken gemeinsam mit dem restlichen Zucker mischen. Nun die weiche Butter einkneten, bis sich alles gut vermischt und eine krümelige Mischung entsteht. Diese nun über den Zwetschgen verstreuen. Den Crumble im vorgeheizten Backofen bei 180 Grad 30—40 Minuten backen, bis die Streusel knusprig und goldbraun sind.

Bonjour FRANKREICH

Der Duft von frisch gebackenem Brot liegt in der Luft, wenn du morgens durch die Straßen von Paris flanierst. Du spürst eine sanfte, salzige Brise, wenn du an der Atlantikküste am Meer sitzt. Und wenn du im Hinterland der Normandie gen Horizont blickst, siehst du weitläufige Lavendelfelder, dahinter ragen die majestätischen Alpen hervor.

Knusprige französische Baguette, Wasserspiele und Bergblick gibt es für deinen Frankreich-Kurzurlaub auch in München. Dazu kannst du durch die weitläufige Parkanlage von Schloss Nymphenburg spazieren, die an die Prunkgärten von Schloss Versailles erinnert. Du kannst einem Boule-Spiel im Hofgarten zusehen und dem typischen metallischen Klacken der Kugeln lauschen – ganz wie in Frankreich. Und beim Klang des Glockenspiels am Marienplatz lässt sich schließlich einmal mehr die Verbindung zwischen Frankreich und Bayern erleben: Es würdigt täglich die bayerisch-französische Hochzeit von Herzog Wilhelm V. mit Renate von Lothringen im Jahr 1568.

Und was darf bei einer solchen Feier nicht fehlen? Richtig: gutes Essen. Schließlich sind die Franzosen weltweit bekannt für ihre Kochkunst und »Haute Cuisine« ist ein feststehender Ausdruck in der Welt der Feinschmecker und Gourmets. Daneben bietet Frankreich auch bodenständige Gerichte, vielseitige Backwaren und zartschmelzende Schokolade. Und nicht zu vergessen: Käse – von cremig zart bis wuchtig und würzig.

Was für ein Spektakel die französische Küche doch ist! Ganz nebenbei noch so ein Einfluss, den Frankreich auf München hatte. Das bayerische Wort Spektakel stammt vom französischen Wort »spectacle« (= Ereignis) ab und im bairischen Sprachgebrauch finden sich noch viele weitere Gemeinsamkeiten.

In diesem Sinne: Bonjour und bon appétit beim Wandeln durch das Franzosenviertel in Haidhausen, beim Entdecken des prunkvollen Cuvilliés-Theaters und natürlich beim Ausprobieren der französischen Bistros.

PÂTISSERIE | CAFÉ DUKATZ
St.-Anna-Straße 11

CRÊPERIE BERNARD & BERNARD
Innere Wiener Straße 32

**GÖTTERSPEISE,
CHOCOLATERIE & CAFÉ**
Jahnstraße 30

Flanieren wie in Frankreich lässt es sich auf dem Markt am Wiener Platz.

PÂTISSERIE | CAFÉ DUKATZ

**Egal ob in Schwabing, Glockenbach oder
Lehel – Frankreich war München nie näher**

Eine Boulangerie oder Pâtisserie gehört zu Frankreich wie ein Biergarten zu München. Kein Wunder also, dass auch bei deiner kulinarischen Weltreise ein Halt in einer französischen Boulangerie nicht fehlen darf. Angefangen von Baguette, Croissant, Tartelette und Brioche bis hin zu Éclair oder Macaron findest du im Dukatz alles, was zu einer authentischen Frankreich-Reise gehört. Die Köstlichkeiten werden in der Backstube im Glockenbachviertel zubereitet und du kannst sie direkt dort im angrenzenden Café oder in einer der anderen Filialen im Lehel oder in Schwabing genießen.

Die liebevoll verzierten Tartelettes und Törtchen zum Beispiel sind nicht nur etwas Besonderes für den Gaumen, sondern auch fürs Auge. Ein kleiner, ästhetischer Sahnetupfer hier, ein paar sorgsam drapierte Früchte dort und eine perfekte flambierte Haube auf dem kulinarischen Kunstwerk daneben. Weitere Leckerbissen sind die hausgemachte Quiche oder die mit Ziegenkäse, Trüffelcreme und Honig belegte Flûte (eine dünne Weißbrotstange). Dazu ein kleiner, gemütlicher Gastraum und ein paar Außenplätze – superbe und noch dazu très délicieux!

LIEBLINGSGERICHT:
Tarte au Citron

ATMOSPHÄRE:
Cozy Café

LIEFERUNG/ABHOLUNG:
Abholung möglich

ADRESSE:
St.-Anna-Straße 11, 80538 München

Wenn du Frankreich nicht nur vor Ort, sondern auch daheim ein bisschen näher sein möchtest, kannst du eine kleine Auswahl an französischen Köstlichkeiten im Dukatz kaufen: Angefangen von Konfitüre, Karamellbonbons und französischen Keksen bis hin zu Fleur de Sel oder eingelegten Sardinen – die Herzen aller Frankreich-Liebhaber werden im Dukatz sicherlich nicht enttäuscht.

CRÊPERIE BERNARD & BERNARD

**Ein Stück Bretagne im Herzen
von Haidhausen**

Crêpes sind vielleicht die bekannteste Speise Frankreichs und kommen ursprünglich aus der Bretagne. Doch wusstest du, dass diese traditionell mit Buchweizenmehl zubereitet und herzhaft serviert wurden? Damals wie heute nannte man diese Form des französischen Pfannkuchens Galette. Erst später wurde die Zubereitung mit Weizenmehl und verschiedenen süßen Füllungen populär.

Es ist nicht leicht, einen der wenigen Plätze im Bernard & Bernard zu ergattern – kein Wunder, denn wenn du erstmal sitzt, willst du so schnell sicherlich nicht wieder gehen. Drinnen kommt mit den dunklen Holzmöbeln und den Schwarz-Weiß-Fotografien an den Wänden sofort Frankreich-Feeling auf. Auf den Plätzen draußen kannst du die Passanten auf dem Weg zum Wiener Platz beobachten und dich ein bisschen wie im Quartier Latin in Paris fühlen.

In der Crêperie Bernard stehen Galettes und Crêpes mit klassischen und ausgefallenen Füllungen auf der Speisekarte. Oder hast du schon mal einen Pfannkuchen mit Spiegelei oder mit Zitronencreme gegessen? Unbedingt probieren solltest du auch den Crêpe mit Caramel au Beurre Salé. Der zarte Teig mit der feinen Karamellcreme und einer leichten Salznote ist eine wahre Geschmacksexplosion, die süchtig macht. Dazu ein Glas französischer Wein oder ein würziger Cidre und du fühlst dich in dem gemütlichen Bistro wie Gott in Frankreich.

LIEBLINGSGERICHT:

Crêpe mit Caramel au Beurre Salé

ATMOSPHÄRE:

Cozy Dining

LIEFERUNG/ABHOLUNG:

Abholung möglich

ADRESSE:

Innere Wiener Straße 32,
81667 München

GÖTTERSPEISE, CHOCOLATERIE UND CAFÉ

Der siebte Himmel für Schokoladenliebhaber

Eine Chocolaterie darf bei deinem kulinarischen Zwischenstopp in einem Genussland wie Frankreich natürlich nicht fehlen. In der GötterSpeise im Glockenbachviertel nimmt Inhaberin Priti Sarah Henseler ihre Gäste seit 2002 mit auf eine sinnliche Reise durch Schokoladen, Pralinen und andere süße Verführungen aus der ganzen Welt.

Du solltest bei deinem Besuch auf jeden Fall genügend Zeit einplanen, denn es gibt viel zu entdecken in dem bunten, vollen und immer auffällig dekorierten Ladencafé. Pralinen in einer der Vitrinen, französische Karamellbonbons, feines Gebäck und Rohschokolade in alten Holzregalen oder eine Vielzahl an farbenfroh verpackten Schokoladen auf einem der Tische im Raum. Egal, ob du ein Geschenk suchst, dir selbst eine Freude machen möchtest oder ein Stück Kuchen mit einer cremigen, heißen Schokolade genießen möchtest – die GötterSpeise lässt keinen Schokoladenwunsch offen.

Die Australian Homemade Chocolates zum Beispiel zergehen wahrlich auf der Zunge. Es gibt sie mit verschiedensten Füllungen, mit Nougat, Kaffee oder dunkler Schokolade. Und das beste: Sie

LIEBLINGSGERICHT:
Australian Homemade Chocolates

ATMOSPHÄRE:
Cozy Café

LIEFERUNG/ABHOLUNG:
Abholung möglich

ADRESSE:
Jahnstraße 30, 80469 München

sind größer als herkömmliche Pralinen, sodass du sie viel länger genießen kannst. Bei diesem Stopp auf deiner kulinarischen Weltreise kannst du dich auf jeden Fall mit Proviant für den Weg zu deinen nächsten Zielen eindecken, denn wie heißt es so schön: Ein Leben ohne Schokolade ist zwar möglich, aber sinnlos.

$\longrightarrow$

Mit Priti Henseler von der GötterSpeise

Was ist die Geschichte zu deiner Chocolaterie?

Meine Mutter hatte ihre eigene Vorstellung vom Paradies und fand dieses in Indien, hier verbrachte ich auch den größten Teil meiner Kindheit. Das höchste Glück erlebte ich, wenn Freunde sorgsam verpackte Schokoladenköstlichkeiten mitbrachten, diese wie echte Schätze auspackten und mit der allergrößten Wertschätzung teilten. In diesem Moment gab es nichts, was das Leben für mich noch perfekter machen konnte.

Als ich zwölf Jahre alt war, verließen meine Mutter und ich Goa, aber meine Liebe zu einem freien Leben und zur Schokolade ließ mich nie wieder los. Im Mai 2002 eröffnete ich schließlich die GötterSpeise, um dem Schönen und Geheimnisvollen ein Zuhause zu geben.

Was bedeutet für dich Heimat?

Heimat bedeutet für mich ein Gefühl von Geborgenheit, gutem Essen, Familie und am besten rauscht das Meer auch noch im Hintergrund.

> »Das größte Glück erlebte ich, wenn Freunde Schokoladenköstlichkeiten mitbrachten.«

Welches Gericht drückt Heimat für dich aus?

Laddu – meine Kindheit in einer köstlichen Kugel voller Gewürze aus dem Orient mit Rosenblüten, Kardamom und echtem Gold (gibt es auch in der GötterSpeise).

Was bedeutet für dich Reisen?

Neues und Unerwartetes zu entdecken. Mich inspirieren lassen und der Wunsch, noch so viel mehr sehen zu wollen.

Was verbindest du mit München?

Isar, Sommerabende, Freunde, Familie, Englischer Garten, im Straßencafé sitzen (zu fast jeder Jahreszeit).

München meets $\longrightarrow$ Frankreich

Bärlauch trifft auf Flammkuchen. Der Bruder von Knoblauch und Zwiebel wächst zwar nicht nur in Bayern, passt aber dennoch hervorragend zu unserem Fusions-Gericht, denn Bärlauch kannst du direkt in München pflücken und dir in Kombination mit dem Flammkuchen Frankreich-Feeling ins Wohnzimmer holen.

BÄRLAUCH-FLAMMKUCHEN

ZUTATEN
(2 PERSONEN):

- 400 g Mehl (Tipo 00)
- 4 EL Olivenöl
- 225–250 ml Wasser

- 3 Becher Crème fraîche
- ½ Zitrone
- 800 g Bärlauch
- 100 g Walnüsse
- 4 EL Olivenöl
- Salz, Pfeffer und Muskat

Mehl, Olivenöl und Wasser mit einer Prise Salz kneten, bis ein zäher Teig entsteht. Bei Bedarf zusätzlich Mehl oder Wasser hinzufügen, um die richtige Konsistenz zu erreichen. Anschließend den Teig 30 Minuten ruhen lassen.

Für den Belag die Crème fraîche mit dem Zitronensaft, einem halben Teelöffel Salz sowie einem halben Teelöffel Muskat und Pfeffer nach Belieben würzen. Die Hälfte des Bärlauchs mit den Walnüssen und dem Olivenöl zu einem Pesto pürieren. Den restlichen Bärlauch in feine Streifen schneiden.

Den Teig anschließend in vier Portionen teilen und diese jeweils ausrollen. Den Flammkuchen mit der Crème fraîche-Mischung bestreichen und den frischen Bärlauch darüberstreuen. Im vorgeheizten Backofen bei 250 Grad 8–9 Minuten backen. Zum Servieren das Bärlauch-Pesto über den gebackenen Flammkuchen geben.

Spanien gehört zu den beliebtesten Reiseländern Europas – kein Wunder, dass die bekanntesten Strände im Sommer ziemlich belebt sind und sich Sonnenschirm an Sonnenschirm reiht. Doch neben den klassischen Badezielen findest du in Spanien auch einsamere Buchten, zum Beispiel im Norden Spaniens, sowie unberührte Natur im Kantabrischen Gebirge, der wüstenähnlichen Landschaft Bardenas Reales oder den idyllisch gelegenen Wasserbecken Gorg del Molí dels Murris in Katalonien.

Spanien ist ein Land voller Leidenschaft, voller Temperament. Die gefühlvollen spanischen Gitarrenklänge und rhythmusintensiven Popsongs sind genauso wie das gesellige Beisammensein Teil der spanischen Lebensart. Denn bei einer spanischen Mahlzeit geht es um so viel mehr als ums Essen. Es geht um das Miteinander, um gute Gespräche, guten Wein und eben gutes Essen. Dafür gibt es sogar ein eigenes Wort: Sobremesa.

Ein typisches Gericht für diese lebhaften Treffen ist Paella. Das Reisgericht wird meist am Wochenende oder an Feiertagen für Freunde und Familie in einer speziellen Pfanne zubereitet und mit Gemüse, Fleisch oder Fisch verfeinert. Und auch Tapas spiegeln diese wunderbare Esskultur wider. Gewöhnlich werden Tapas am späteren Abend gegessen, dann wird eine Auswahl verschiedenster kleiner Snacks für den ganzen Tisch bestellt und geteilt. Dazu gehören Croquetas (Kroketten mit Bechamelkäse gefüllt), Patatas Bravas (Kartoffelstückchen mit fruchtiger Tomatensoße), würzig marinierte Oliven, fluffige Tortillas, verschiedenste Käsesorten oder salzige Pimientos de Padron (kleine grüne Paprika in Olivenöl gebraten).

Ein bisschen spanisches Lebensgefühl kannst du auch in München erleben, wenn du an einem lauen Sommerabend – typisch spanisch – mit Freunden von Weinbar zu Weinbar ziehst und dich nebenbei mit köstlichen Häppchen stärkst. Also gönn dir am besten eine ausführliche Siesta, schau dir ein bisschen was vom entspannten, herzlichen Lebensgefühl ab und dann heißt es: Salud!

→

AMISTAD
Georgenstraße 37

CORDO BAR
Ickstattstraße 1a

ITXASO
Pestalozzistraße 7

Spanisches Strandfeeling von oben gibt es zum Beispiel im Innenhof des Rathauses.

AMISTAD

Gemütliches Beisammensein mit Freunden

Die spanische Geselligkeit ist schon beim Namen Programm: »Amistad« bedeutet Freundschaft und es ist dem Team der Tapasbar ein Anliegen, dass sich seine Gäste wie zuhause fühlen, sich Zeit nehmen und gemeinsam mit Freundinnen oder Freunden ein paar schöne Stunden verbringen.

Das passende Ambiente ist in Schwabing definitiv geschaffen. Die blau gekachelte Bar, die hellen, rustikalen Holztische und modernen Lampen sowie die Kerzen an jedem Tisch bilden die perfekte Symbiose zwischen Gemütlichkeit und Moderne. Im Sommer können die riesigen Fenster geöffnet werden und wenn ein kleines Lüftchen weht, hast du fast schon das Gefühl, es sei die Meeresbrise, die dir um die Nase weht.

Die Tapas sind in warme und kalte Häppchen aufgeteilt. Dazu gibt es ein paar weitere Spezialitäten, wechselnde Gerichte auf der Wochenkarte und köstliche Desserts. Besonders schmackhaft sind die Champignons mit Knoblauchöl und Kräutern »Champiñones al Ajillo« sowie der Spinat nach katalanischer Art mit Rosinen, Mandeln und Knoblauch. Kreative Variationen wie Rotweinzwiebeln, Ananas-Limetten-Soße oder Kaffeesalz finden sich als Add-On bei einigen Gerichten.

LIEBLINGSGERICHT:
Champiñones al Ajillo

ATMOSPHÄRE:
Cozy Dining

LIEFERUNG/ABHOLUNG:
Abholung möglich

ADRESSE:
Georgenstraße 37, 80799 München

Dazu gibt es hausgemachten Sangria in verschiedensten Variationen mit Rot-, aber auch mit Weißwein. Und wer jetzt an Eimergesöff, Touristen und Ballermann denkt, liegt definitiv falsch – Sangria ist viel besser als sein Ruf. Schließlich ist er ein beliebtes Sommergetränk auch bei den Spaniern und wurde bereits vor über 200 Jahren erfunden.

In diesem Sinne viel Spaß beim Entdecken neuer Köstlichkeiten und Auffrischen alter Urlaubserinnerungen – hoch die Gläser auf den Zwischenstopp deiner kulinarischen Weltreise in Spanien.

CORDO BAR

**Kreative Tapas-Kreationen und
beliebte Klassiker**

In der Cordo Bar gibt es die allseits bekannten Tapas-Klassiker, ebenso wie
kreative Eigenentwicklungen – die spanischen Köche verstehen ihr Handwerk.
Und so kannst du für eine vielseitige Ta-
pas-Auswahl spezielle Patatas mit Trüf-
fel-Manchego, knusprige hausgemachte
Kroketten, cremigen Ziegenkäse vom
Grill mit Honig und Wassermelone, gebackene Artischocken mit Zitrone oder
zum Beispiel gegrilltes Brot mit Knob-
lauch-Tomaten-Dip bestellen.

LIEBLINGSGERICHT:

Queso de cabra de la parrilla

ATMOSPHÄRE:

Cozy Dining

LIEFERUNG/ABHOLUNG:

Lieferung und Abholung möglich

ADRESSE:

Ickstattstraße 1a, 80469 München

Nachdem die kleinen Häppchen traditionellerweise zu (alkoholischen) Getränken serviert werden, gibt es in der Cordo Bar natürlich eine solide Wein-, Bier- und Cocktail-Auswahl. Was braucht man mehr für einen echten spanischen Abend, den du draußen auf der Terrasse oder drinnen im gemütlich-rustikalen Gastraum verbringen kannst? Dieser ist in Braun- und Ockertönen gehalten, spanische Fliesen zieren die Wände und die einfachen, dunklen Holzmöbel tun ihr übriges, damit deine kulinarische Reise nach Spanien perfekt wird.

ITXASO

Nordspanische Köstlichkeiten in authentischem Ambiente

Im Itxaso trifft Tradition auf Moderne und spanisches Temperament auf bayerische Gemütlichkeit im Glockenbachviertel. Die Tapas-Bar hat sich auf kleine belegte Brote spezialisiert, Pintxos, wie du sie vor allem in Nordspanien findest. Doch auch Köstlichkeiten aus anderen Regionen finden hier den Weg auf deinen Teller: besondere Eigenkreationen und gängige Tapas-Hits.

Die unverputzte Wand mit bunten Fliesen darauf sowie die hellen Holztische und die Lampen im Industrial Style schaffen ein schickes Wohlfühlambiente. Wenn du Glück hast, kannst du im Sommer einen der wenigen Außenplätze ergattern und wie auf einer kleinen Plaza in Spanien die Passanten beobachten. Die herzliche Atmosphäre der Bodega lädt auf jeden Fall zum Verweilen ein. Solltest du – ganz traditionell – nur ein Getränk sowie ein paar Häppchen an der Bar genießen und dann weiterziehen wollen, kommst du definitiv auf deine Kosten.

Rote-Bete-Tomaten-Püree mit Ziegenkäse, Patatas bravas mit scharfer Tomatensoße und die deliziöse Käseplatte sind genauso zu empfehlen wie die vielen unterschiedlichen Pintxos (zum Beispiel belegt mit Thunfisch, spanischem Käse oder Schinken). Und auch ein Blick auf die Wochenkarte lohnt sich in jedem Fall. Für Fisch- und Fleischliebhaber stehen eine Vielzahl an Gerichten zur Auswahl, die gemeinsam mit den hochwertigen Weinen einen Hauch España mitten in München verbreiten.

LIEBLINGSGERICHT:
Pintxos mit spanischem Käse belegt

ATMOSPHÄRE:
Cozy Dining

LIEFERUNG/ABHOLUNG:
Abholung möglich

ADRESSE:
Pestalozzistraße 7, 80469 München

München meets ⟶ Spanien

Lauch trifft auf Tortilla. Die klassische spanische Tortilla wird aus Kartoffeln, Zwiebeln und Eiern hergestellt. Der bayerische Lauch verleiht dem spanischen Nationalgericht noch mehr Würze und bringt dich dem Land der Sonne ein ganzes Stückchen näher.

TORTILLA MIT LAUCH

**ZUTATEN
(2 PERSONEN):**

- 200 g Kartoffeln
- 1 kleiner Lauch
- 1 Zwiebel
- 4–5 Eier
- Olivenöl
- Salz

Die Kartoffeln schälen und in dünne Scheiben schneiden. Zusammen mit der geschälten und klein gehackten Zwiebel sowie Olivenöl in einer Pfanne langsam garen (nicht braten). In einer separaten Pfanne den in feine Streifen geschnittenen Lauch leicht andünsten. Die Eier aufschlagen und in einer Schüssel gut verquirlen. Anschließend die fertigen Kartoffeln sowie den leicht abgekühlten Lauch hinzugeben und etwas ziehen lassen. Nach ca. 15 Minuten die Mischung mit etwas Olivenöl in eine heiße Pfanne geben. Nach ca. 10 Minuten, wenn die äußere Schicht braun ist und sich vom Rand der Pfanne löst, die Tortilla wenden und von der anderen Seite braten. Zum Servieren auf Zimmertemperatur abkühlen lassen und wie Kuchenstücke geschnitten servieren.

Die USA – das Land der unbegrenzten Möglichkeiten und ausgiebigen Roadtrips. Während die einen an moderne Millionenstädte, Hochhäuser und breite Avenues wie in New York, Los Angeles oder Washington denken, haben die anderen die atemberaubende Natur und die vielen beeindruckenden Nationalparks, wie die bizarren Felsformationen des Grand Canyons oder die karge Landschaft des Death Valleys, im Kopf. Oder denkst du vielleicht doch eher an den Highway 1, die vielleicht schönste Küstenstraße der Welt, an Whale Watching in San Francisco oder an Hollywood und Las Vegas?

Die vielen Filme und Serien, welche in den USA spielen, haben die Sicht auf dieses riesige Land sicherlich enorm beeinflusst. Gleichzeitig mögen es aber auch das Gefühl von Freiheit und die lockere, offene Kommunikationskultur sein, die sich hartnäckig im Zusammenhang mit den USA halten und es zu einem Sehnsuchtsland vieler Reisender macht.

Das Essen hingegen weckt oft eher weniger Sehnsüchte, denn auch hier halten sich viele Klischees und überzeichnete Darstellungen. Meist assoziieren wir Amerika mit Hot Dog, Burger, Pommes und Steak, denken an Fastfood und Barbecue. Diese Gerichte spielen zwar tatsächlich eine große Rolle in den Staaten, doch lässt sich nicht unbedingt von der amerikanischen Küche sprechen. Denn es sind vor allem Einwanderer, welche die Gerichte von Region zu Region stark prägen. So triffst du auf asiatische und mediterrane Einflüsse in Kalifornien oder englische Elemente in Neuengland, während die beliebte Tex-Mex-Küche zum Beispiel vor allem im Süden des Landes beliebt ist.

Andersherum sind amerikanische Einflüsse auch in München zu finden. 1971 eröffnete zum Beispiel Münchens erster McDonald's und viele weitere Restaurants im Zeichen der Systemgastronomie folgten. Mittlerweile haben Burger aus der klassischen Fastfood-Ecke herausgefunden, Hot Dogs werden neu interpretiert und amerikanische Delis haben ihren Weg zurück nach Europa gefunden. Wie wäre es also mit ein bisschen lässigem USA-Feeling fast wie in Kalifornien oder Hawaii, beim Beobachten der Surfer am Eisbach, bevor du unsere drei Restaurantideen ausprobierst und dich kulinarisch in amerikanische Gefilde begibst? Let's go!

DELI STAR
Amalienstraße 40

CA-BA-LU
Thierschplatz 5

ORGANIC GARDEN
Heiliggeiststraße 1

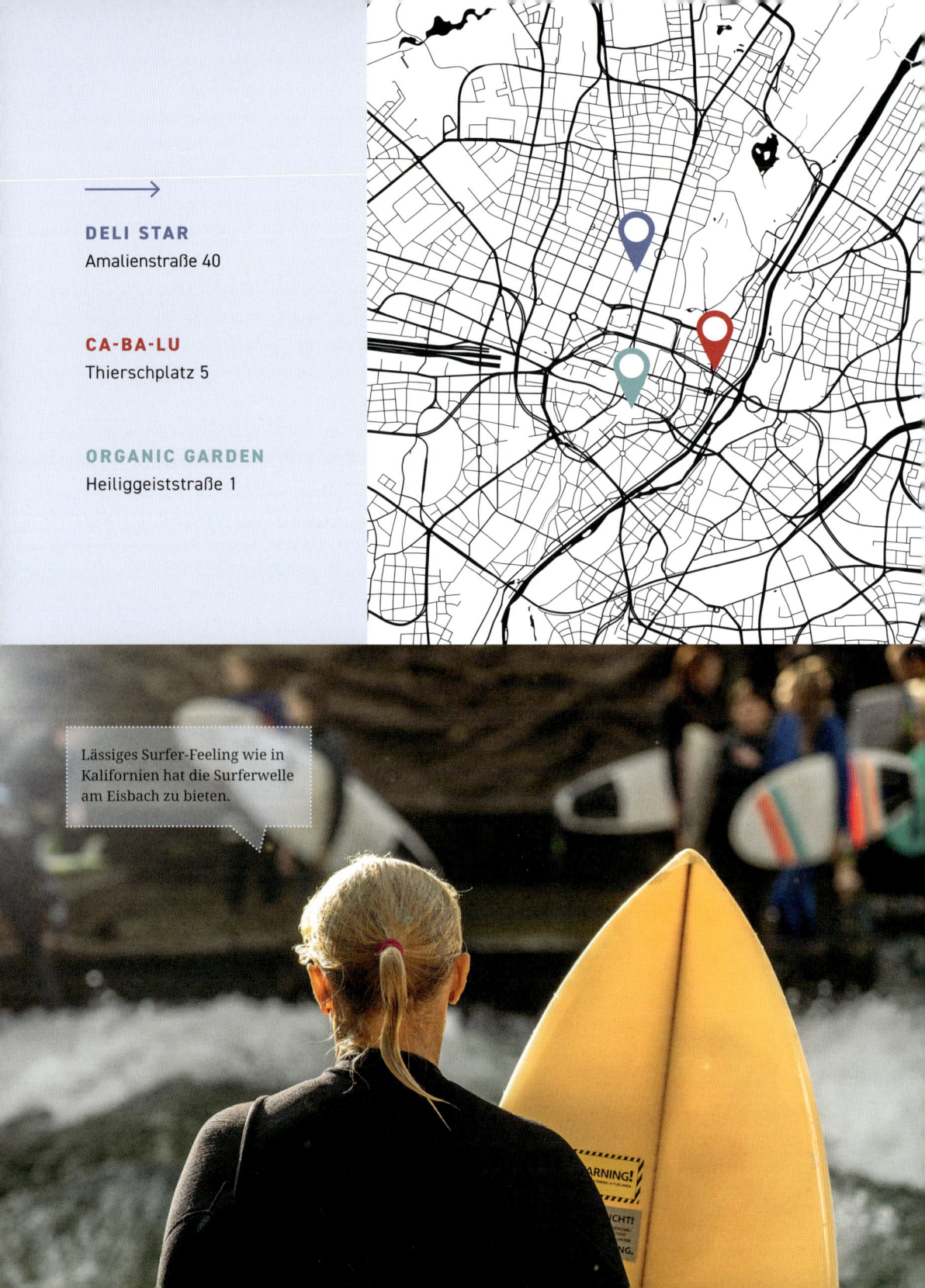

Lässiges Surfer-Feeling wie in Kalifornien hat die Surferwelle am Eisbach zu bieten.

DELI STAR

Deli mit Herz

Das Deli Star ist weit mehr als ein Coffeeshop. Hier gibt es Bagels in verschiedensten Variationen, hausgemachte Suppen, frische Salate und viele weitere wechselnde Köstlichkeiten – soweit es geht mit regionalen Zutaten, viele davon sogar bio-zertifiziert. Dazu noch köstlich duftender Kaffee – was gibt es Besseres?

Die frisch gegrillten Bagels mit knackigem Salat und fruchtiger Tomate werden ganz klassisch mit cremigem Frischkäse in unterschiedlichsten Geschmacksrichtungen bestrichen. Doch experimentelle Bagel-Varianten mit Hummus, Ziegenkäse mit Walnüssen und Feigensenf oder pikant gewürzter Guacamole sind mindestens ebenso lecker. Du kannst Bagel und Co entweder im einfachen, einladenden Deli genießen, davor oder direkt auf die Hand – zum Frühstück, Mittagessen oder einfach für Zwischendurch.

Dieser leckere Snack ist auf jeden Fall ein guter Stopp auf deiner kulinarischen Weltreise in den USA, schließlich hat der Bagel selbst fast ebenso eine Weltreise zurückgelegt und ist im Land der unbegrenzten Möglichkeiten mittlerweile fester Bestandteil der Esskultur, vor allem in New York. Aber wusstest du, dass der Bagel von osteuropäischen, jüdischen Einwanderern in den USA eingeführt wurde? Die fluffigen Brötchen mit dem

LIEBLINGSGERICHT:
Avocado-Bagel

ATMOSPHÄRE:
Cozy Café

LIEFERUNG/ABHOLUNG:
Abholung möglich

ADRESSE:
Amalienstraße 40, 80799 München

Loch in der Mitte haben sich also den Weg über den Teich und schließlich irgendwann wieder zurück nach Europa gebahnt.

Das Tolle am Deli Star in der Amalienstraße sowie in der zweiten Filiale in der Kaulbachstraße ist nicht nur die Qualität der Speisen, sondern auch das zusätzliche Engagement, mit dem ausgewählte Produkte und Projekte im Deli präsentiert werden, Gemüse an die Auffangstation für Reptilien gegeben oder übrig gebliebene frische Produkte aus dem Kühlregal an eine Organisation gespendet werden, welche die Lebensmittel im Raum München verteilt.

Da schmeckt das Essen doch gleich doppelt gut!

CA-BA-LU

Ausgefallene Burger-Kreationen

Der Burger hat es aus der klassischen Fastfood-Ecke heraus geschafft und ist außer in den zahlreichen Burger-Restaurants in München ein beliebtes Gericht auf der Speisekarte vieler Lokale. Gar nicht so leicht also, hier einen passenden Stopp für deine kulinarische Weltreise zu identifizieren. Das Ca-Ba-Lu im Lehel überzeugt mit kreativen Burger-Variationen, hausgemachten Soßen und karamellisierten Zwiebeln. Die luftigen Buns werden extra von einem Bäcker für das Ca-Ba-Lu hergestellt. Zu den Burgern werden immer Cole Slaw und frische Rosmarinkartoffeln serviert – lecker!

Wie wäre es also, passend zum Motto Weltreise, zum Beispiel mit einem Toskana Burger (Gorgonzola, Birnen und Feigensenf), einem Tokyo Burger (Wasabipaste, Sojasprossen, Ingwer und Erdnusssoße) oder einem Steirischen Burger (Emmentaler, Kürbiskernöl und Kürbiskerne)? Die Auswahl ist riesig, auch Vegetarier werden fündig und die experimentellen Kombinationen lohnen sich auf jeden Fall!

Das kleine Restaurant strahlt mit den dunklen Holzelementen im Innenraum eine warme Gemütlichkeit aus und auch die Außenplätze direkt am Thierschplatz überzeugen an sonnigen Tagen. Burger-Wohlfühloase, wie sich das Ca-Ba-Lu selbst nennt, trifft hier tatsächlich zu. Viel Spaß beim Durchprobieren und Genießen – welcome to USA.

LIEBLINGSGERICHT:

Moving Mountains Burger

ATMOSPHÄRE:

Cozy Dining

LIEFERUNG/ABHOLUNG:

Lieferung und Abholung möglich

ADRESSE:

Thierschplatz 5, 80538 München

ORGANIC GARDEN

Pflanzenbasierte Hotdogs mit Zutaten aus dem Münchner Umland

Im Organic Garden wird der nächste Fastfood-Klassiker neu interpretiert: Am Viktualienmarkt werden nämlich kreative Hotdogs serviert, allerdings ein bisschen anders als du sie kennst – pflanzenbasiert, ohne Geschmacks-, Konservierungs- und Farbstoffe, mit regionalen Zutaten. Da gibt es verschiedene Buns, Räucherknacker, Tofu-Wiener oder pflanzliches Chicken, geniale Soßen wie die würzige Chili-Mayo oder die fruchtige Pflaumen-Yuzu-Soße. Extra gesunde Toppings wie Kresse oder Gurkensalsa, aber auch Klassiker wie Röstzwiebeln runden das Geschmackserlebnis ab. Im modernen Organic Garden kannst du dir deinen eigenen Wunsch-Hotdog zusammenstellen und nebenbei noch ein paar regionale Produkte direkt im Laden shoppen.

Organic Garden ist übrigens weit mehr als ein kleines Hotdog-Restaurant. Das Startup hat sich der nachhaltigen Lebensmittelproduktion verschrieben und möchte in München und Umland nicht nur Obst und Gemüse anbauen, sondern auch in die Algen- und Fischzucht einsteigen. Die Rohstoffe sollen dann von zertifizierten Partnern direkt weiterverarbeitet werden, um so innovative Produkte – wie den pflanzlichen Hotdog – zu kreieren.

LIEBLINGSGERICHT:
Funky Dawg

ATMOSPHÄRE:
Streetfood

LIEFERUNG/ABHOLUNG:
Abholung möglich

ADRESSE:
Heiliggeiststraße 1, 80331 München

Wann und von wem der klassische Hotdog erfunden wurde, ist übrigens nicht sicher belegt. Vermutet wird, dass ihn der deutschen Einwanderer Charles Feltman Mitte des 19. Jahrhunderts in einem Vorort von New York kreierte. Er startete mit einem eigens zum Hotdog-Verkauf konstruierten Handkarren und eröffnete schließlich ein Restaurant mit Biergarten, welches stetig wuchs. Mittlerweile finden sich in den USA Hotdog-Stände an jeder Straßenecke und sie sind zudem ein beliebter Snack bei Sportevents oder Festivals. In diesem Sinne, ran ans Brötchen: Erlebe amerikanische Tradition modern interpretiert und das mitten in München!

München meets ⟶ USA

Pastinaken treffen auf Ketchup. Pommes mit Ketchup sind bekannt und ein Snack aus den USA mit langer Tradition. In unserer Fusions-Variante stellen wir die Pommes statt aus Kartoffeln aus Pastinaken her und machen zudem den Ketchup selbst. Die etwas andere Variante des süchtig machenden Klassikers.

PASTINAKEN-POMMES MIT SELBSTGEMACHTEM KETCHUP

ZUTATEN (2 PERSONEN):

- 1200 g Pastinaken
- 4 EL Olivenöl
- 1 TL Kurkuma
- 1 TL Paprika
- 1 EL Rosmarin
- 1 Zwiebel
- 800 g stückige Tomaten
- 4 EL Apfelessig
- 2 TL Zucker
- Salz, Pfeffer
- Tomatenmark nach Bedarf

Für den Ketchup die Zwiebel klein schneiden, in einem Topf mit etwas Öl andünsten und mit dem Zucker karamellisieren lassen. Anschließend mit Essig ablöschen und die Tomaten für ca. 10 Minuten dazugeben. Mit Salz und Pfeffer würzen. Die Tomatenmischung durch ein Sieb streichen und abkühlen lassen. Für eine dickflüssigere Konsistenz nach Belieben Tomatenmark hinzufügen und nochmals abschmecken.

Die Pastinaken schälen und in möglichst gleichgroße Streifen, wie in Pommes-Form, schneiden. In einer Schüssel mit Öl, Kurkuma, Paprika, Rosmarin und Salz gut vermengen. Auf einem mit Backpapier belegtem Backblech verteilen und bei 180 Grad goldbraun backen. Dazu am besten zwischendurch immer wieder umdrehen. Anschließend mit dem hausgemachten Ketchup genießen.

Hola
MEXIKO

Mexiko ist so bunt und facettenreich wie ein Bild der mexikanischen Malerin Frida Kahlo. Gleichzeitig spiegelt sich dort, wie auch im Werk der Künstlerin, der Kontrast zwischen Lebensfreude und Leiden, zwischen (aztekischer) Tradition und Moderne wider.

Mexiko ist gesellig und Fiestas aller Art, farbenfrohe Umzüge sowie lebhafter Tanz und Musik gehören zum alltäglichen Leben. Dabei spielen auch Essen und Trinken eine entscheidende Rolle.

So geht in Mexiko nichts ohne Mais. Er wird vor allem für Tortillas, Tacos, Tostadas oder Empanadas verarbeitet – die Basis der mexikanischen Küche. Diese werden dann je nach Gericht mit Gemüse oder Fleisch, mit Reis und Bohnen sowie Käse serviert. Außerdem darf scharfe Salsa natürlich nicht fehlen. Schließlich gehören Chilis quasi zu jeder Mahlzeit dazu und werden sogar im Eis oder mit Früchten gegessen.

A propos Früchte: Wegen seiner tropischen Lage hat die mexikanische Küche eine unglaubliche Vielfalt zu bieten. Hier gibt es Avocados, Limetten, Vanille ebenso wie Kakao und Früchte, von denen du wahrscheinlich noch nie gehört hast. Oder kennst du die kirschähnlichen Nance oder die orangefarbene, cremige Mamey?

Du siehst schon, Mexiko ist mehr als Cancun, Burritos und Tequila. Lass dich also für deine kulinarische Reise durch München inspirieren: Sei neugierig und aufgeschlossen, verlasse bekannte Pfade und mache dich zu unbekannten Vierteln und fremden Orten auf, wage einen Blick über den Tellerrand. Und ganz wichtig: Feiere das Leben!

→

BLITZ
Museumsinsel 1

LA TAQUERIA
Zweibrückenstraße 9

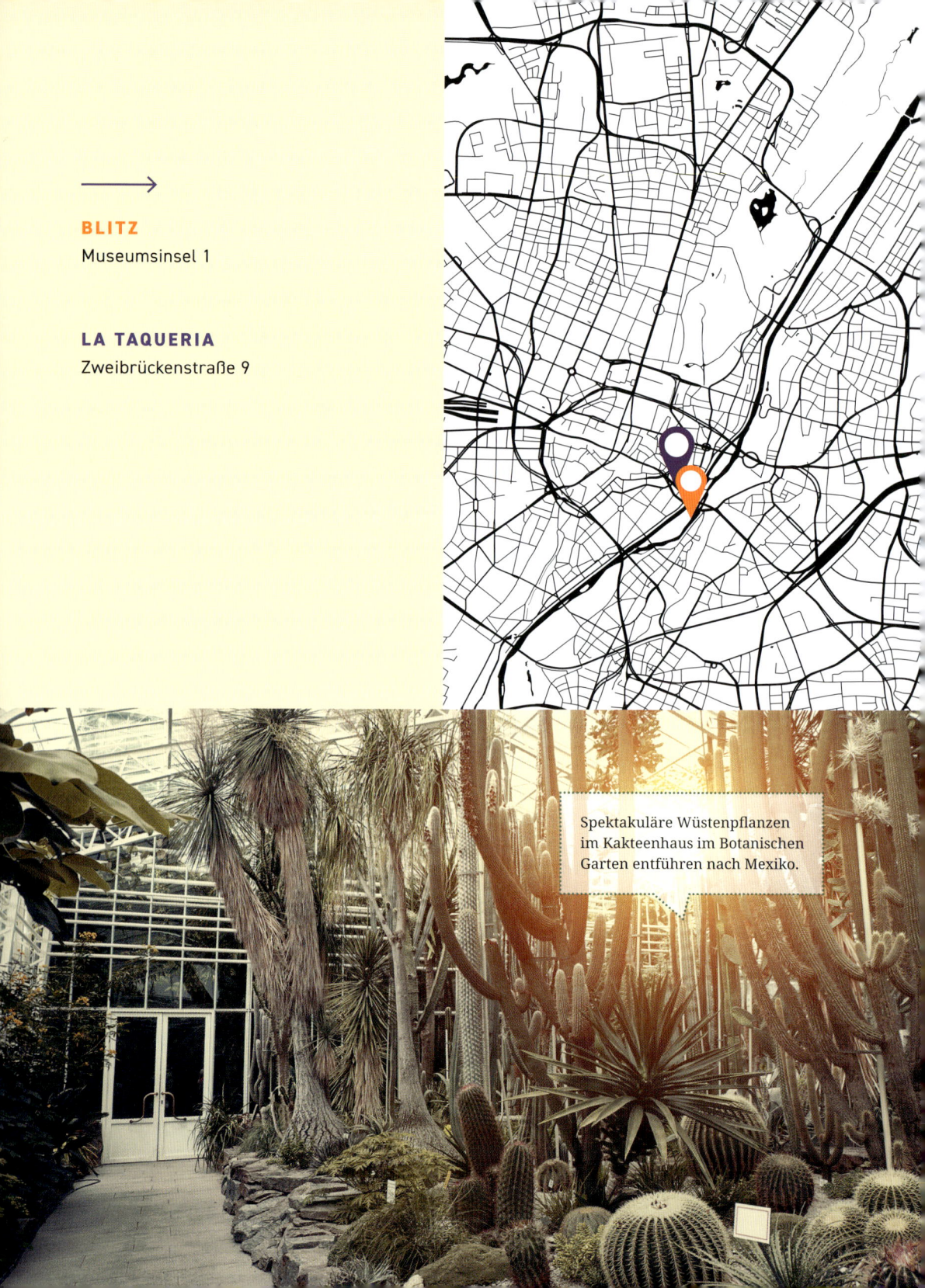

Spektakuläre Wüstenpflanzen
im Kakteenhaus im Botanischen
Garten entführen nach Mexiko.

BLITZ

**Speisen zwischen Vintage-Möbeln und
bunten Wandmalereien**

Im Blitz wirken die Möbel etwas zusammengewürfelt und doch ist alles genau durchdacht. Die unterschiedlichen Holztische, weiße und türkise Stühle, dazwischen immer wieder rote und blaue Elemente. Diese finden sich in der bunten Malerei an der Wand wieder, die mit den farbenfrohen Skeletten etwas skurril wirkt und doch hervorragend zu Mexiko passt. Denn dort wird das Leben genauso gefeiert wie die Toten – farbenprächtig und ausgelassen.

Die Brücke zwischen Mexiko und München schlägt der Biergarten des Blitz. Gemütlich unter Bäumen und Lichterketten kannst du hier mit Blick auf die Isar kreative mexikanische Gerichte genießen. Dazu ein Daiquiri mit frisch hergestelltem Zuckerrohrsaft oder eine große Auswahl an Tequilas und einem lustigen, geselligen Abend à la mexicana steht nichts mehr im Wege.

Serviert werden im Blitz übrigens ausschließlich vegetarische und vegane Gerichte und zwar nicht als oft gesehenes Take-Away-Food, sondern stattdessen hübsch angerichtet serviert. Gleich zwei untypische Faktoren für mexikanisches Essen in München. Umso spannender also, was die Speisekarte zu bieten hat, denn hier werden bekannte Klassiker

LIEBLINGSGERICHT:
Fajita mit frittierten Kochbananen

ATMOSPHÄRE:
Fine Dining

LIEFERUNG/ABHOLUNG:
Abholung möglich

ADRESSE:
Museumsinsel 1, 80538 München

neu interpretiert. Es gibt frisch gebackene Tortillas-Chips mit Bananen-Ketchup, Artischocken-Ceviche mit gegrillten Limetten, Quesadillas mit Soja-Chili und grünem Spargel oder eine Fajita mit marinierter Jackfruit und Auberginen.

Neugierig geworden? Dann ist das Restaurant auf der Museumsinsel mitten in München genau das Richtige für dich! Finde selbst heraus, warum vegetarisch und mexikanisch eigentlich hervorragend zusammenpassen und tauche in das besondere Land zwischen Pazifik und dem Golf von Mexiko ein!

LA TAQUERIA

**Stylische Location mit
mexikanischem Flair**

La Taqueria am Isartor serviert mexikanisches Streetfood, zum Mitnehmen oder vor Ort essen. Das kleine Restaurant ist bunt, aber nicht überladen. Es ist modern, aber nicht unnahbar. Die türkisen und bunt bemalten Wände passen zu den gemusterten Fliesen am Boden, mexikanische Deko-Elemente, besondere Lichtinstallationen und Lampen im Industrial Style schaffen eine besondere Atmosphäre.

Bestellt wird an der Bar. Dabei wählst du zuerst die Basis – Taco, Burrito oder Quesadilla – und anschließend die Füllung mit verschiedenen Kombinationen aus Rind, Huhn, Schwein oder Veggie. Zum Schluss noch eine Soße on top: Wie wäre es zum Beispiel mit Salsa Roja (rote Tomaten, Chili, Koriander, Zwiebeln) oder etwas exotischer mit Mole Poblano (Bitterschokolade, Zimt, drei Sorten Chili, Erdnüsse)? Unser Favorit ist übrigens die Quesadilla Camote mit Süßkartoffeln, Mais und Paprika mit einer scharfen Salsa. Hier schmeckst du nicht nur den Käse, sondern auch die cremigen Süßkartoffeln und das knackige Gemüse heraus – deftig und zugleich frisch, die ideale Kombi.

LIEBLINGSGERICHT:

Quesadilla Camote

ATMOSPHÄRE:

Streetfood

LIEFERUNG/ABHOLUNG:

Lieferung und Abholung möglich

ADRESSE:

Zweibrückenstraße 9, 80331 München

Direkt vor Ort oder im dazugehörigen Webshop Cometa Mexico kannst du dir das Mexiko-Feeling direkt ins Wohnzimmer holen – zum Beispiel mit dem beliebten Quesadilla-Kit oder authentischen Salsas. In diesem Sinne: Viva la Mexico!

München meets $\longrightarrow$ Mexiko

Kressesprossen treffen auf Süßkartoffel. Werde zum Gärtner und baue dein eigenes Grün auf dem Fensterbrett oder dem Balkon an. Als Topping für die mexikanische Süßkartoffelsuppe sind sie ein zusätzlicher Frischekick und deinem mexikanischen Abend zuhause steht nichts mehr im Wege.

SÜßKARTOFFELSUPPE MIT KRESSESPROSSEN

ZUTATEN (2 PERSONEN):

- 400 g Süßkartoffeln
- 6 TL Kressesprossen
- 1 Zwiebel
- ½ TL Chiliflocken
- 100 g Kidneybohnen
- 1 große Tomate
- 650 ml Gemüsebrühe
- Salz und Pfeffer

Die Zwiebel fein hacken und gemeinsam mit den Chiliflocken in etwas Öl andünsten. Währenddessen die Süßkartoffeln schälen und klein würfeln. Anschließend die Süßkartoffelstückchen in den Topf geben und mit Gemüsebrühe aufgießen und köcheln lassen, bis die Süßkartoffeln weich sind. Nun die Suppe fein pürieren, zurück auf den Herd stellen und die abgetropften Kidneybohnen sowie die fein gewürfelte Tomate unterheben und für weitere 5 Minuten köcheln lassen. Mit Salz und Pfeffer abschmecken und in die Schüsseln geben. Zuletzt die Kressesprossen oberhalb der Wurzeln abschneiden und auf die Suppe geben.

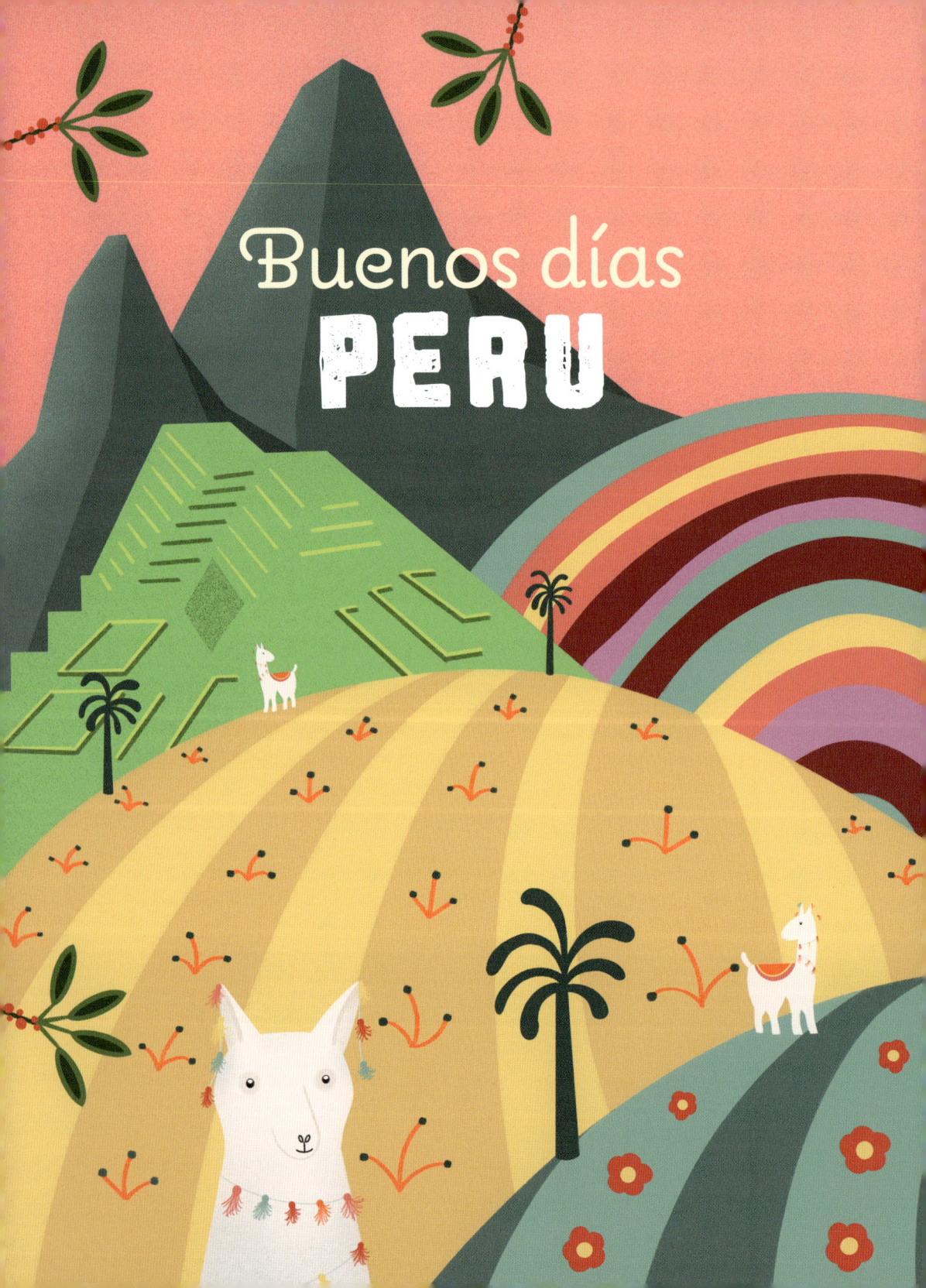

Machu Picchu, der Titicacasee und die Anden. Lima, der Amazonas und Regenbogenberge. Tiefe Schluchten, heiße Quellen und paradiesische Sandstrände.
Ganz zu schweigen von riesigen Lamaherden, Faultieren, rosa Delfinen oder
bunten Papageien. Peru ist mehr als das Land der Inkas, gleichzeitig ist diese
uralte Kultur natürlich sehr präsent, unglaublich beeindruckend und wichtig für
Land und Kulinarik. Und gerade in diesem Bereich hat Peru einiges zu
bieten. Achtmal in Folge wurde es zur besten kulinarischen Destination weltweit
gewählt. Da steht es außer Frage, dass wir auf unserer Weltreise hier einen
Stopp einlegen.

Die Biodiversität der Anden und des Amazonas macht Peru reich an vielfältigs-
ten Obst- und Gemüsesorten. Die Küche blickt auf eine viele tausend Jahre
alte Geschichte zurück, wurde von den Inkas geprägt und von weltweiten Einflüssen
stetig weiterentwickelt. Das macht sie besonders abwechslungsreich und
sehr gesund. Viele bekannte Superfoods wie Avocados, Chiasamen oder Quinoa
werden dort bereits in langer Tradition angebaut.

Besonders beliebt ist Ceviche – roher Fisch mariniert mit Zitrusfrüchten,
Zwiebeln und Chili. Aber auch vielfältig gefüllte Empanadas (krosse Teigtaschen),
Kartoffeln und Mais sind allgegenwärtig. Letzterer zum Beispiel auch als
Getränk: Chicha Morada wird aus lila Mais, Limetten, Zucker und Nelken hergestellt
und ist ein sehr beliebtes, alkoholfreies Sommergetränk.

Also begib dich in München auf die Spuren der Inkas, lass dich von der
peruanischen Kochkunst verzaubern und tauche in die Geheimnisse Perus ein!
Für ein bisschen mehr Exotikgefühl in München kannst du es dir vor dem Besuch
unserer Restaurantvorschläge unter Palmen bequem machen. Zum Beispiel
auf der Theresienwiese, am Marienplatz oder im Botanischen Garten – wir sagen:
gute Reise!

→

NASCA
Enhuberstraße 1

Palmen in der Innenstadt oder
auf der Theresienwiese – fast
wie am Strand in Peru.

NASCA

Traditionelle Andenküche in der Maxvorstadt

Viele peruanische Restaurants gibt es in München nicht, aber wie heißt es so schön: lieber Qualität als Quantität – und das spricht für einen Besuch im Nasca. Auf den ersten Blick wirkt der edle Gastraum wenig peruanisch, doch der erste Blick täuscht bekanntlich oft und so lassen sich doch sehr stilbewusst eingesetzte südamerikanische Elemente entdecken. Charakteristische, sehr individuelle Lampen, Porträts der peruanischen Bevölkerung in Tracht oder die bunt gekachelte Bar.

> **LIEBLINGSGERICHT:**
> Yuquitas fritas
>
> **ATMOSPHÄRE:**
> Fine Dining
>
> **LIEFERUNG/ABHOLUNG:**
> Abholung möglich
>
> **ADRESSE:**
> Enhuberstraße 1, 80333 München

Bunt ist auch das Essen, denn die Gerichte sind nicht nur hübsch angerichtet, sondern aufgrund der vielfältigen Zutaten zudem unglaublich farbenfroh. Wie wäre es mit einem Cocktail wie dem traditionellen Pisco Sour (hergestellt aus Traubensaft, mit Limettensaft, Zuckersirup, Eiweiß und Angostura serviert), frittiertem Maniok (einer Wurzelpflanze) oder Kartoffeln in einer leicht scharfen Käsesoße (Papa à la Huancaína) als Vorspeise und einer Art Quinoa-Risotto mit Gemüse als Hauptspeise? Natürlich gibt es auch Ceviche in verschiedensten Varianten, genauso wie diverse Fleischgerichte.

Für noch mehr Exotik empfehlen wir das Schokoladen-Soufflé, welches mit Lucuma-Eis serviert wird. Noch nie gehört? Kein Wunder. Lucuma, auch »Gold der Inkas« genannt, ist eine kleine gelbe Frucht, schmeckt recht süß, fast nach einem Hauch Karamell, und wird oft als Süßungsmittel eingesetzt.

Die Auswahl für den kulinarischen Abend ist nicht leicht (wenn auch für Vegetarier etwas eingeschränkt), doch zum Glück ist das Nasca keine 11 000 Kilometer von dir entfernt wie Peru selbst und so steht einem zweiten oder dritten Besuch nichts im Wege. Im Nasca kannst du den Zauber der peruanischen Küche hautnah erleben und dich für einen Abend wie im faszinierenden Inkareich in den Anden fühlen.

München meets $\longrightarrow$ Peru

Gurke trifft auf Quinoa. Das Inka-Superfood Quinoa wird in den Anden seit über 5000 Jahren angebaut und ist daher typisch für Peru. Gemeinsam mit den heimischen Gurken sowie exotischer Wassermelone ist unser Fusions-Salat ideal für warme Sommertage und damit auch ein super Gericht, um Peru geschmacklich etwas näher zu kommen.

QUINOASALAT MIT GURKE, WASSERMELONE UND FETA

**ZUTATEN
(2 PERSONEN):**

- 1 Tasse Quinoa
- 1 Gurke
- ½ kleine Wassermelone
- 250 g Feta
- 1 Zitrone
- 5 EL Olivenöl
- Pfeffer
- Salz

Quinoa nach Packungsbeilage kochen. Währenddessen die Gurke und Wassermelone sowie den Feta würfeln. Für das Dressing die Zitrone auspressen und mit dem Olivenöl sowie Salz und Pfeffer würzen. Den Quinoa abkühlen lassen und zusammen mit den anderen Zutaten in eine Schüssel geben. Gemeinsam mit dem Dressing gut durchmischen. Ca. 15 Minuten ziehen lassen und anschließend servieren.

Unendlicher Dschungel, malerische Strände auf einer der vielen Inseln, die letzten frei lebenden Orang Utans, weitläufige Teeplantagen oder geschichtsträchtige Kolonialstädte – eine schier endlose Liste an besonderen Highlights, die Malaysia zu einem abwechslungsreichen Reiseziel voller Kontraste machen.

Nicht nur deshalb, sondern auch aufgrund seiner vielfältigen kulturellen und religiösen Einflüsse ist Malaysia einzigartig. Nach verschiedenen Kolonialherrschaften leben dort nun schon lange Muslime, Buddhisten, Hindus und Christen nebeneinander. Diese unterschiedlichen Kulturen machen sich auch in der vielfältigen Küche Malaysias bemerkbar.

Gegessen wird im Alltag meist an einem der vielen Hawker Centern. In diesen halboffenen Gebäuden finden gleich mehrere Anbieter Platz und die Auswahl zwischen den vielen Köstlichkeiten fällt umso schwerer. Wie wäre es zum Beispiel mit einer cremigen feurigen Laksa-Suppe inklusive säuerlichem Tamarinden-Extra, einem herzhaften Fruchtsalat mit Erdnusssoße oder in Kokosmilch gekochtem Reis, der mit Spiegelei, Hühnchen, Chilipaste, Gurken und Erdnüssen serviert wird? Klingt abenteuerlich, aber was wäre eine kulinarische Weltreise ohne ein paar Überraschungen für den Gaumen?

Gewürze wie Ingwer, Knoblauch, Pfeffer, Koriander und Tamarinde gehören zu den klassischen Gewürzen, doch auch die Curry-Gewürzmischung wird vielfältig eingesetzt. Schließlich sind indische, aber auch chinesische Einflüsse in der malaysischen Küche deutlich spürbar und bringen so noch mehr Abwechslung.

Abwechslung ist ein gutes Stichwort, wenn es um Malaysia in München geht. Denn abseits unserer Restaurantvorschläge gibt es kaum malaysische Elemente in München. Am ehesten ist es die kulturelle Vielfalt, die verschiedenen Einflüsse, die in München aufeinandertreffen und mit denen eine Auseinandersetzung lohnt. Denn es sind gerade die vielen Weltanschauungen und Lebensstile, die in München zusammenfinden und die Stadt bereichern.

CHAMPOR
Warthestraße 5

Grüne Ruheoasen und zauber-
hafte Wasserspiele im
Englischen Garten erinnern
an Malaysia.

CHAMPOR

Malaysische Wohlfühloase
mitten in Bogenhausen

Seit 2004 bringt Inhaberin Kiren ihren Gästen im Champor ihre Heimat Malaysia näher – mit viel Begeisterung und Hingabe. Rezepte und Gewürze sind unverfälscht, scharf meint hier auch wirklich scharf und die Zutaten sind frisch sowie bewusst eingekauft.

Der gemütliche Außenbereich wirkt mit viel Grün, vielen Blumen, bunten Stühlen und Schirmen lebhaft ausgelassen, während der Innenraum durch eine elegante Wärme mit dunklen Wänden, Korbstühlen, goldenen Elementen und warmem Licht überzeugt. Besonderes Geschirr, farbige Gläser und liebevoll angerichtete Speisen runden das harmonische Ambiente wunderbar ab.

Auch das Essen nimmt dich mit in die Ferne. Um möglichst alles probieren zu können, solltest du Malaysian Macam-Macam bestellen, eine Auswahl der beliebtesten malaysischen Häppchen. Doch auch nur der Sesam-Tofu mit einer hausgemachten unglaublich würzigen Tamarinden-Chili-Soße ist eine ideale Vorspeise, ganz zu schweigen von dem Mangosalat mit Zitronengras-Vinaigrette. Zwar finden Vegetarier bei den Hauptgerichten wenig Auswahl, doch das Gemüse mit der selbstverständlich hausgemachten gelben Currypaste inklusive

LIEBLINGSGERICHT:
Mango Kerabu

ATMOSPHÄRE:
Fine Dining

LIEFERUNG/ABHOLUNG:
Abholung möglich

ADRESSE:
Warthestraße 5, 81927 München

scharfem Sambal überzeugt. Klassiker wie Ayam Percik mit Hähnchenbrust, Kumin, Zitronengras, Kaffirblättern und Erdnusssoße oder Chili Garlic Duck geschwenkt in einer Gewürzmischung aus frisch gestoßenen Petai-Bohnen, roter Chili, Knoblauch, Schalotten und Shrimppaste begeistern sicherlich alle Nicht-Vegetarier.

Das Champor ist in jeglicher Hinsicht ein Wohlfühlort, eine Oase der Ruhe und der Exotik mitten in Bogenhausen, mitten im Wohngebiet, dort wo du es wahrscheinlich am allerwenigsten erwarten würdest. Vielleicht macht das den zusätzlichen Charme des Restaurants aus. Am besten also du überzeugst dich selbst von dem bis heute einzigen malaysischen Restaurant in München und tauchst bei diesem Stopp deiner kulinarischen Weltreise in die Vielfalt der malaysischen Küche ein.

$\longrightarrow$

Mit Kiren Alt vom Champor

Was ist die Geschichte zu deinem Restaurant?

Ich habe in Deutschland das Essen meiner Heimat vermisst, konnte aber diese Küche und diesen Geschmack, die ich aus Malaysia kannte, hier nicht finden. Also habe ich beschlossen, mein eigenes Restaurant zu eröffnen, um die wunderbaren Gerichte mit all denen zu teilen, die sich nach authentisch malaysischem Essen sehnen – gekocht, genauso wie ich es von von zuhause kenne.

Was bedeutet Heimat für dich?

Heimat ist für mich dort, wo ich mich am wohlsten fühle, wo meine Kindheitserinnerungen wieder lebendig werden, wo meine Kinder- und Schulfreunde leben, wo jede Straßenecke und jeder Platz mit Erinnerungen verbunden ist.

Welches Gericht drückt Heimat für dich aus?

Jedes authentisch malaysische Gericht, da habe ich einfach zu viele Favoriten.

Was bedeutet für dich Reisen?

Reisen bedeutet für mich offen für neue Dinge und neue Menschen zu sein. Es bedeutet, dass man nie aufhört zu lernen und sich viel von anderen Kulturen inspirieren lässt. Und ich verbinde mit dem Reisen Farben, Sprachen, Geschichte, Architektur und Geografie.

Welchen Bezug hast du zu Malaysia?

Malaysia ist mein Zuhause und der Ort, an dem ich aufgewachsen bin.

Was verbindest du mit München?

Die Liebe, meinen Mann.

München meets $\longrightarrow$ Malaysia

Mairübchen treffen auf Chili. Die traditionelle Nudelsuppe Laksa gibt es in unterschiedlichsten Varianten – immer mit einer Vielzahl an Zutaten für eine intensive Aromenvielfalt. Besonders präsent: Chili und Kokosmilch. Kombiniert mit den saisonalen Mairübchen passt das Gericht hervorragend zur malaysischen Fusions-Küche.

LAKSA MIT MAIRÜBCHEN

ZUTATEN (2 PERSONEN):

- 300 ml Kokosmilch
- 500 ml Gemüsebrühe
- 1 Schalotte
- 1 Frühlingszwiebel
- ½ Stängel Zitronengras
- ½ rote Chili
- 1 Limette
- 1 Knoblauchzehe
- 2 cm Ingwer
- 2 TL Sojasoße
- ½ Bund Koriander
- 200 g Reisnudeln
- 2 Mairübchen
- Kokosfett
- Salz und Pfeffer

Zitronengras und Chili klein hacken, Ingwer, Schalotte sowie Knoblauch schälen und ebenfalls klein hacken. Alles in Kokosfett 2–3 Minuten anbraten, anschließend mit Brühe und Kokosmilch ablöschen. Sojasoße und den Saft der Limette dazugeben und 20 Minuten köcheln lassen. Zuletzt mit Salz und Pfeffer abschmecken. Die Reisnudeln nach Packungsbeilage zubereiten. Die Mairübchen schälen und reiben. Koriander fein hacken und Frühlingszwiebel in Ringe schneiden. Alles in die fertige Suppe geben und servieren.

Sàwàddee ká
THAILAND

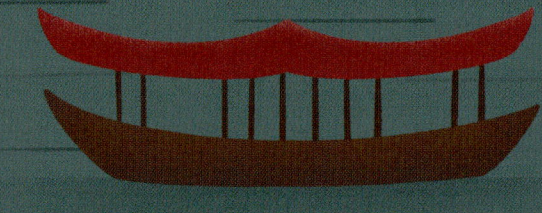

Die gängige Begrüßung in Thailand bedeutet übersetzt »Hast du schon gegessen?« und zeigt, wie stark das Essen in der Kultur verankert ist. Das Grundnahrungsmittel ist Reis. Er wird zum Beispiel in der Früh in Form von Reisbrei, als Beilage zum Curry, zu Nudeln verarbeitet als Suppeneinlage, als Snack in Bambus gedünstet oder als Dessert mit Mango und Kondensmilch gegessen.

Der typisch säuerliche Geschmack vieler Gerichte in der thailändischen Küche kommt von frischen Limetten, Zitronengras und Kaffirblättern, wohlige Schärfe verleihen grüne und rote Chilis und auch Kokosmilch, Fischsoße und frische Kräuter dürfen bei einer umfangreichen thailändischen Mahlzeit nicht fehlen. Letztendlich geht es darum, alle Geschmacksrichtungen und Texturen in perfekter Harmonie zu vereinen, was die einzigartige, abwechslungsreiche Kochkunst der Thailänder ausmacht. Gegessen wird meist auswärts, an einer der unzähligen, oft mobilen Garküchen oder auf einem der vielen quirligen Märkte – zu Wasser und zu Land, tagsüber und bis in die tiefe Nacht.

Doch nicht nur die Gerichte, auch das Land selbst ist die Verbindung aus Gegensätzen. Moderne, hektische Städte wie Bangkok stehen im Kontrast zu den ruhigen, Kraft gebenden Tempelanlagen. Weitläufige Strände sind genauso präsent wie dichte Dschungellandschaften. Und das ursprüngliche Leben, Traditionen und Bräuche gehören ebenso zu Thailand wie der zunehmende Tourismus.

Auf diesem Stopp deiner kulinarischen Reise kannst du wahre Geschmacksexplosionen erleben, im exklusiven Restaurant oder in einfachen Garküchen speisen und dich bei deinen Streifzügen vom thailändischen Buddhismus inspirieren lassen. Denn Güte und Mitgefühl, Freundlichkeit und ein ehrliches Lächeln kosten dich nichts und sind doch unendlich viel wert.

Übrigens: Ein Hauch von Thailand umgibt dich im Westpark, wenn du auf den reich verzierten Tempel mit der riesigen Buddha-Statue in der Mitte blickst. Dazu eine traditionell thailändisches Gericht und nicht nur dein Geist, sondern auch dein Gaumen bewegt sich in neuen Sphären.

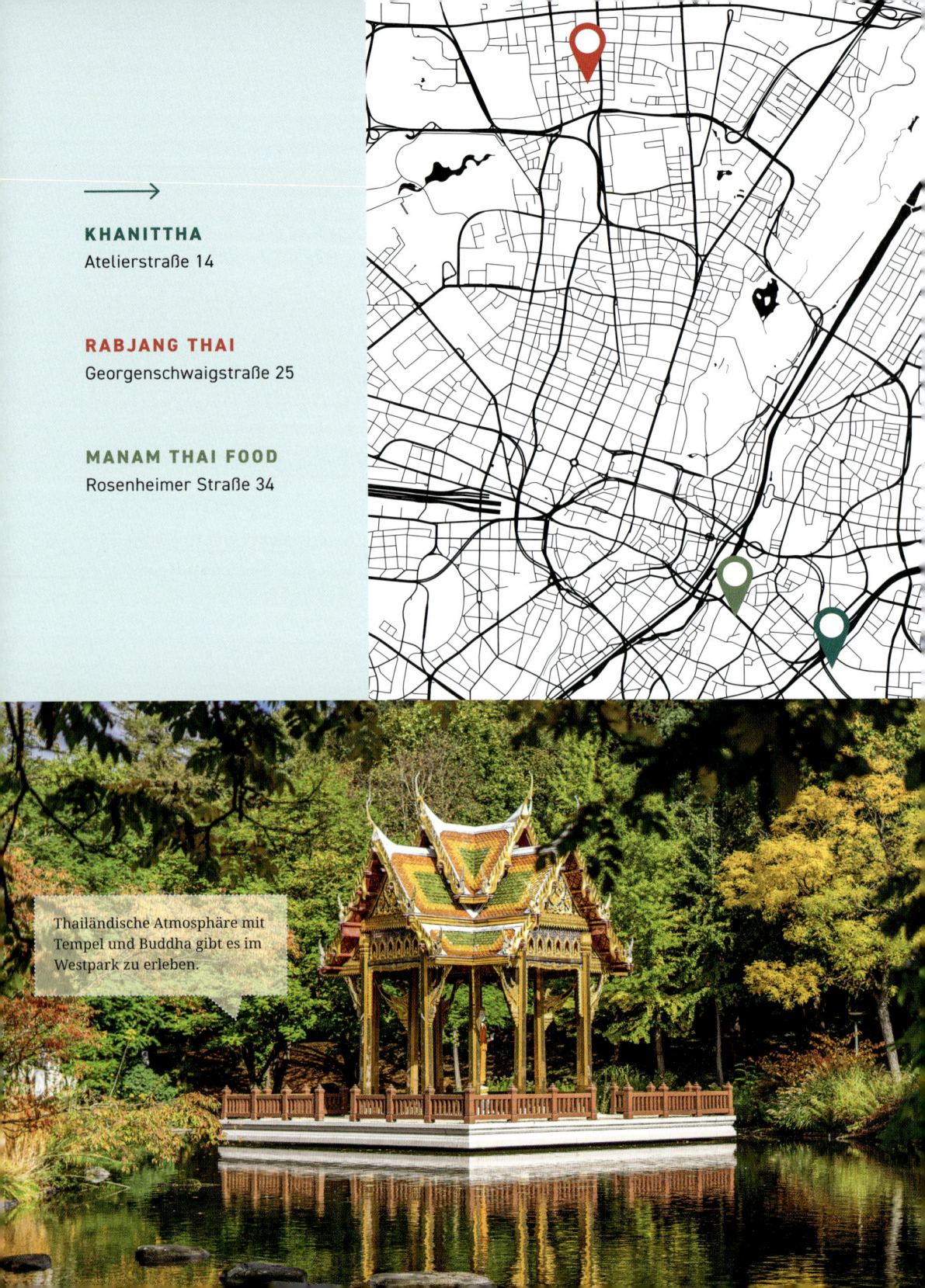

→

KHANITTHA
Atelierstraße 14

RABJANG THAI
Georgenschwaigstraße 25

MANAM THAI FOOD
Rosenheimer Straße 34

Thailändische Atmosphäre mit Tempel und Buddha gibt es im Westpark zu erleben.

KHANITTHA

Thai Streetfood im Werksviertel

Das Khanittha ist eine einfache Garküche, fast so, wie du sie auch in Thailand finden würdest. Der Außenbereich mit einfachen Plastikhockern und Tischen sowie Liegestühlen ist genauso einladend, wie die vielen anderen Sitzmöglichkeiten auf dem Gelände zwischen den bunten Containern und wild bepflanzten Hochbeeten. Und im Inneren erinnert das Khanittha an einen typisch asiatischen Food-Court, einen großen offenen Raum mit hohen, teilweise unverputzten Decken, zusammengewürfelten Sitzmöglichkeiten und einem offenen Blick in die Küche.

Genauso authentisch wie das Khanittha ist auch das Essen selbst: hausgemachte Soßen, frische Zutaten, von Hand gerollte Frühlingsrollen und Gerichte, die alle ohne Geschmacksverstärker und Fertigprodukte auskommen.

Es gibt eine große Auswahl an Suppen, die alle auch vegetarisch oder vegan zubereitet werden können, darunter Klassiker wie die scharf-saure Kokosmilchsuppe Tom Kha Ga oder die würzige Giew Nam-Suppe mit kleinen Teigtaschen, genannt Wan Tan. Außerdem findest du würzige Salate zum Beispiel mit Mango oder Papaya auf der Speisekarte und natürlich Klassiker wie Pad Thai oder unterschiedliche Currys. Als

LIEBLINGSGERICHT:
Pad Thai

ATMOSPHÄRE:
Streetfood

LIEFERUNG/ABHOLUNG:
Lieferung und Abholung möglich

ADRESSE:
Atelierstraße 14, 81671 München

wäre das noch nicht genug Auswahl, gibt es zusätzlich eine wechselnde Mittagskarte, die immer für eine kulinarische Überraschung gut ist. Mehr thailändisch geht eigentlich kaum.

Inhaberin Monthi wurde zu diesem Imbiss von ihrer Mutter inspiriert, die vor mehr als 30 Jahren mehrere thailändische Restaurants in München und Umgebung führte. Nun möchte sie selbst die authentische Küche Thailands an ihre Gäste weitergeben, ihnen zeigen, wie vielfältig die Gerichte ihres Heimatlandes sein können und die besondere Faszination Thailands vermitteln.

Für noch mehr Thailand-Feeling kannst du übrigens auch einen der Kochkurse besuchen, die das Khanittha anbietet – die Krönung bei diesem Halt deiner kulinarischen Reise.

RABJANG THAI

Exotisches Thailand im Norden Münchens

Wer hätte gedacht, dass in Milbertshofen der Schlüssel zu einer anderen Welt liegt? Zu einer goldenen Welt voller Exotik, Harmonie und wohlriechender Düfte. Wenn du die Tür zum Rabjang Thai öffnest, vergisst du schnell alles um dich herum. Die Wände aus dunklem Holz und die schwarzen Decken schaffen mit den vielen goldenen Lampen eine edle und zugleich warme Atmosphäre. Tischläufer mit Goldfasern und traditionellen Farben und Mustern sowie das besondere, individuell geformte Geschirr sind weitere Highlights – vom Essen einmal abgesehen.

Die Liebe zum Detail ist hier spürbar, ohne überladen oder kitschig zu wirken. Bei den vielen authentischen Gerichten fällt die Entscheidung schwer, aber wie wäre es zum Beispiel mit einem scharfen grünen Thai-Papaya-Salat oder knusprig frittiertem Tofu mit hausgemachten Pflaumen-Dip? Ein besonderer Hingucker und Genuss sind die im Feuertopf servierten Gerichte wie das cremige rote Kokos-Curry mit Bambusscheiben, Gemüse, Chili und süßem Thai-Basilikum. Wer noch Platz im Magen hat, sollte außerdem unbedingt die Reismehlbällchen mit süßer Kokosfüllung probieren, denn Khanoom Tom zergeht wahrlich auf der Zunge.

Die thailändische Gastfreundschaft ist hier spürbar und bildet den perfekten Rahmen für deinen Abend in thailändischen Sphären.

LIEBLINGSGERICHT:

Gaeng Pet Pak

ATMOSPHÄRE:

Fine Dining

LIEFERUNG/ABHOLUNG:

Lieferung und Abholung möglich

ADRESSE:

Georgenschwaigstraße 25,
80807 München

MANAM THAI FOOD

Schlemmen am Rosenheimer Platz statt in Bangkok

Garküchen gibt es in Thailand an jeder Straßenecke und auf jedem Markt – kleine feste Imbisse oder mobile, meist etwas wacklige Gefährte. Gekocht wird frisch vor den Augen der Gäste. Genauso ist es auch im Manam: nicht unbedingt gemütlich, aber funktionsfähig – schließlich steht hier das Essen an oberster Stelle. Und das ist lecker und authentisch. Du kannst im Manam im kleinen blauen Gastraum sitzen, an dessen Wänden bunt durcheinander gewürfelt Bilder von Gerichten und aus Thailand hängen, während auf dem Regal kleine thailändische Figuren stehen oder auf einem der wenigen Plätze vor der Garküche die Köstlichkeiten genießen.

Inhaberin Thanawan Chaikittisilp legt Wert auf frische Zutaten, stellt die Nudeln selbst her und verzichtet auf Geschmacksverstärker. Seit 2009 führt sie das Manam in der Nähe vom Rosenheimer Platz und möchte damit ein Stück thailändisches Lebensgefühl nach München transportieren.

Scharf bedeutet hier übrigens wirklich scharf und so ist das Gaeng Kiew Wan (ein grünes Curry mit Bambus, Bohnen, Auberginen und Thai-Basilikum) recht feurig, aber gerade wegen dieser Würze besonders zu empfehlen. Daneben gibt

LIEBLINGSGERICHT:
Gaeng Kiew Wan

ATMOSPHÄRE:
Streetfood

LIEFERUNG/ABHOLUNG:
Lieferung und Abholung möglich

ADRESSE:
Rosenheimer Straße 34,
81669 München

es zwei rote Currys – alle können mit Hühnerfleisch, Schweinefleisch oder knuspriger Ente, Rindfleisch, Garnelen oder Meeresfrüchten oder vegetarisch mit Pilzen und Tofu bestellt werden. Und auch die verschiedenen gebratenen Nudelvarianten sind in ihrer Grundversion alle vegetarisch und können mit verschiedenen Toppings bestellt werden.

Schlemmen wie in Bangkok oder Chiang Mai inklusive Großstadt-Feeling und Garküchen-Charme. Vom Ambiente bis zu den Zutaten ist hier alles original thailändisch und das Manam daher der ideale Thailand-Stopp für deine kulinarische Reise durch München.

München meets $\longrightarrow$ Thailand

Schwarzkohl trifft auf Reis. Der enge Verwandte des Grünkohls wird auch Palmkohl genannt und passt damit optisch hervorragend zu den tropischen thailändischen Gefilden. In einem leichten, cremigen Curry (statt eines deftigen bayerischen Eintopfs) und zusammen mit Reis das ideale Gericht für deinen kulinarischen Ausflug nach Thailand.

SCHWARZKOHL-CURRY MIT REIS

ZUTATEN (2 PERSONEN):

- 1500 g Schwarzkohl
- 1 Dose Kokosmilch
- 1 Knoblauchzehe
- ½ TL Kurkuma
- ½ TL Paprikapulver
- ½ TL Korianderpulver
- ½ TL Chiliflocken
- 2 EL Erdnussmus
- 1 Schuss Sojasoße

Schwarzkohl putzen und in Streifen schneiden. In einem Wok oder in einer Pfanne leicht mit etwas Öl andünsten. Die Gewürze sowie die klein geschnittene Knoblauchzehe hinzugeben und mit der Kokosmilch aufschütten. Einen Schuss Wasser dazu geben und das Curry ca. 35 Minuten köcheln lassen. Kurz vor dem Servieren die Sojasoße sowie das Erdnussmus dazugeben und gut vermengen. Den Reis nach Packungsbeilage kochen und zu dem Curry reichen.

In Vietnam kannst du an vielen Stellen die Einflüsse der früheren französischen Kolonialherrschaft spüren, trotzdem hat sich das Land seinen eigenen Charme bewahrt, sodass Baguette neben Reis und historische Bauten neben einfachen Hütten bestehen.

Das fruchtbare Mekong Delta, der dichte Dschungel, die traumhaften Strände und die atmosphärischen Tempelanlagen machen Vietnam nicht nur landschaftlich und kulturell, sondern auch kulinarisch zu einem einzigartigen Reiseziel.

Das Land ist über seine Grenzen hinaus für seine köstliche, vielseitige Küche bekannt und das vietnamesische Streetfood überrascht mit besonderen Raffinessen. Ein Highlight sind die vielen frischen Kräuter, die oft nicht klein gehackt, sondern stängelweise serviert werden. Das Nationalgericht Pho – eine Suppe mit Reisnudeln, Gemüse und traditionell Fleisch – wird zu jeder Tageszeit gegessen. Überhaupt sind Reisnudeln sehr beliebt, so zum Beispiel auch in der lauwarmen Reisnudel-Schale Bun Cha oder den Sommerrollen, bei denen in Reispapier frische Kräuter, Gemüse, Tofu oder Fleisch und eben Reisnudeln eingerollt werden.

Wandere über den Viktualienmarkt und stell dir vor, du besuchst einen der wuseligen Märkte Hanois. Spaziere entlang der Isar und stellt dir vor, es ist der Mekong oder der Rote Fluss. Besuche eines der drei Lokale in diesem Kapitel und probiere dich durch die fantastische Küche Vietnams. Auf die kleinen bunten Plastikhocker und -tische, an denen du direkt neben den Straßenküchen speist, wirst du in München verzichten müssen. Doch unsere Auswahl an Restaurants bringt dich dem besonderen Land in Südostasien trotzdem ein kleines Stückchen näher.

→

DUDU
Augsburgerstraße 1

THAO
Lucile-Grahn-Straße 36

BANH MI AND BEER
Parkstraße 30

Exotische Früchte wie in Vietnam gibt es am Viktualienmarkt zu entdecken.

DUDU

**Vegetarische Saté-Spieße und
vielseitige Tofu-Variationen**

Lauwarme Reisnudeln mit knackigem
Salat, Sojasprossen, Minze, Basilikum,
Koriander, Gurke, Erdnüssen, Röstzwie-
beln und aromatischer hausgemachter
Soße klingt eigentlich ganz einfach und
doch kann man so viel falsch machen.
Im Dudu wird definitiv vieles richtig gemacht und nicht nur Bun Tofu, sondern
auch der scharfe Papaya-Salat oder die
feinen Sommerrollen sind ein Gedicht.
Die Sommerrollen, in Vietnam Pho Cuon
genannt, bestehen übrigens aus feinem
Reispapier, das mit Reisnudeln, frischen
Kräutern, Rind oder Tofu und je nach
Rezept verschiedensten anderen Zutaten
gefüllt sind. Die Rolle wird kalt gegess-
sen und dazu in eine würzige Erdnusssoße eingetaucht. Im Dudu kannst du sie
nicht nur als Vorspeise, sondern auch als
Hauptgericht zum selber Rollen genießen.

Daneben gibt es im Dudu verschiedenste
würzige Currys, traditionelle Nudelsup-
pen sowie Gerichte mit Ente, Huhn und
Rind. Für Vegetarier bietet das kleine
Restaurant eine besonders große Auswahl und überzeugt nicht nur mit gut
gewürzten Tofugerichten, sondern auch
mit vegetarischen Sojaprodukten – zum
Beispiel im Curry oder als knusprige Saté-
Spieße. Auf Glutamat und Geschmacksverstärker wird verzichtet und die Küche

LIEBLINGSGERICHT:
Bun Tofu

ATMOSPHÄRE:
Cozy Dining

LIEFERUNG/ABHOLUNG:
Lieferung und Abholung möglich

ADRESSE:
Augsburgerstraße 1, 81547 München

des Dudu entspricht den Grundpfeilern
der vietnamesischen Küche – Reis, frische Kräuter und Fischsoße (wobei letz-
tere liebend gerne auch mit veganen Optionen ersetzt wird).

Die Wände des kleinen, gemütlichen
Restaurants sind in warmen Gelb- und
Orangetönen gehalten und zusätzlich mit
feinen vietnamesischen Illustrationen
verziert. Im Sommer werden die bodentiefen Fenster geöffnet. Egal ob du drinnen oder draußen direkt auf dem Gehsteig sitzt, das Lokal ist perfekt für deinen
kulinarischen Kurztrip nach Vietnam.

THAO

Die lebendigen Aromen Vietnams auf einer Speisekarte vereint

Braun- und Grüntöne dominieren den Innenraum des Thao, Lampen in Lampionform hängen von der Decke und das Restaurant strahlt eine elegante Ruhe aus. Während das Interieur im Thao relativ schlicht ist, so ist das Essen umso kreativer. Denn in Haidhausen werden neben den Klassikern ebenso etwas weniger bekannte Gerichte serviert, wie zum Beispiel der knusprige Saigon Crêpe. Hier lassen sich noch die Einflüsse Frankreichs auf Vietnam erahnen. Wusstest du übrigens, dass es in Ho Chi Minh, dem ehemaligen Saigon, auch eine Kathedrale namens Notre-Dame gibt oder dass das Hauptpostamt dort von Gustave Eiffel erbaut wurde?

Zwar lassen sich die französischen Einflüsse bei den Sommerrollen weniger erkennen, doch geschmacklich können sie im Thao dennoch überzeugen. Die vielen frischen Zutaten (inklusive Mangostreifen!), Kräuter sowie Tofu oder verschiedene Fleischsorten lassen sich beim selber Rollen nach Belieben kombinieren. Die gerollten Kunstwerke werden anschließend in Ananas- oder Erdnusssoße getunkt – ein facettenreiches Geschmackserlebnis.

Auch die vielen anderen aromatischen Gerichte auf der Speisekarte versetzen

LIEBLINGSGERICHT:
Sommerrollen zum selber Rollen

ATMOSPHÄRE:
Fine Dining

LIEFERUNG/ABHOLUNG:
Lieferung und Abholung möglich

ADRESSE:
Lucile-Grahn-Straße 36,
81675 München

dich für einen Abend von Haidhausen nach Vietnam. So gibt es im Thao eine große Auswahl an Seafood-Gerichten, verschiedenste gut gewürzte Currys in vegetarischen Varianten, aber auch mit Hühnchen- oder Entenfleisch. Wenn du dir vorab eine köstliche vietnamesische Vorspeise gönnen möchtest, empfiehlt sich der gemischte Vorspeisenteller für zwei – so kannst du dich gleich durch verschiedene traditionelle Gerichte probieren und musst dich vorab nicht entscheiden.

BANH MI AND BEER

Vietnamesisches Streetfood mitten im Westend

Das vietnamesisch interpretierte Baguette, Banh Mi, ist der Inbegriff vietnamesischer Küche und Geschichte. Bei diesem Gericht zeigen sich nicht nur die Einflüsse der Kolonialzeit, sondern auch die Bedeutung der verschiedenen Kontraste in Bezug auf Geschmack und Konsistenz. 2015 wurde das vietnamesische Sandwich von »The Guardian« sogar unter die zehn besten Streetfoods gewählt.

Kein Wunder also, dass sich die kleine Bar im Westend genau auf diese Köstlichkeit spezialisiert: knuspriges Baguette, eingelegte Karotten, Rettich, Gurken und Koriander. Dazu würzige Soßen und natürlich aromatischer Tofu, Schweine-, Rind- oder Hühnerfleisch.

Der Eigentümer Henry Yang serviert in der bodenständigen Bar nicht nur vietnamesische Gerichte, sondern eben auch Bier und nicht zu vergessen: besondere Cocktail-Kreationen. Bei einem Saigon Fizz oder einem Vietnamese Cocaine kannst du den Alltag um dich herum vergessen und einen Hauch Südostasien in Bayern erleben.

LIEBLINGSGERICHT:

Banh Mi Tofu

ATMOSPHÄRE:

Streetfood

LIEFERUNG/ABHOLUNG:

Lieferung und Abholung möglich

ADRESSE:

Parkstraße 30, 80339 München

→

Mit Henry Chang vom Banh Mi and Beer

Was ist die Geschichte zu deinem Restaurant?

2015 habe ich mein erstes Geschäft hier in München eröffnet, in dem ich vietnamesische Spezialitäten anbiete, darunter unter anderem auch das Banh Mi. Da ich aber auch schon lange eine Affinität für die Zubereitung von Drinks und Cocktails hatte und ich der Meinung war, dass Banh Mis auch gut zu Cocktails und Bier passen, wollte ich diese Sachen miteinander kombinieren.

Als ich zufälligerweise erfahren habe, dass in meiner Nachbarschaft eine ehemalige Kneipe frei geworden ist, habe ich die Gelegenheit genutzt, mir meinen Wunsch zu erfüllen und habe somit das bnb – Banh Mi and Beer gegründet.

Welchen Bezug hast du zu Vietnam?

Meine Mutter kommt aus Vietnam, mein Vater ist Halb-Vietnamese und ich habe weiterhin noch viel Verwandtschaft dort. Aus diesem Grund bin ich auch sehr regelmäßig, ca. alle zwei Jahre, dort zu Besuch.

Welches Gericht drückt Heimat für dich aus?

Da gibt es zwei Gerichte. Das ist zum einen das Banh Mi und zum anderen die Pho. Beide Gerichte bekommt man in Vietnam an jeder Straßenecke. Sei es in Imbisswägen oder in den Lokalen.

Das Banh Mi ist das vietnamesisch belegte Baguette, bei dem deutlich die Einflüsse der französischen Kolonialzeit zu erkennen sind. Hierbei wird ein Baguette mit einer speziellen Mayonnaise bestrichen, mit einem säuerlich eingelegten Karotten-Rettich-Mix, Gurken und herzhaftem Fleisch oder Tofu belegt. Sehr gerne wird dies auch zusätzlich mit französischer Leberpastete (Pâté) oder dem französischen Schmelzkäse La Vache qui rit kombiniert.

Die Pho ist eine traditionelle vietnamesische Suppe, bei der die Rinderbrühe mindestens 5 Stunden gekocht und mit feinem, kurz gegartem Rindfleisch, Reisbandnudeln, Sojasprossen und verschiedenen asiatischen Kräutern serviert wird.

> »Reisen ist für mich ein Ausdruck von Freiheit, die Möglichkeit Abwechslung vom Alltag zu bekommen.«

Was bedeutet für dich Heimat?

Wenn ich an Heimat und Vietnam denke, dann kommen mir direkt folgende Dinge in den Kopf: Sonne, Roller, das Hupen der Roller und Autos auf den Straßen, der Benzingeruch und die vielfältige Auswahl an unterschiedlichsten Essensmöglichkeiten.

Was bedeutet für dich Reisen?

Reisen ist für mich ein Ausdruck von Freiheit, die Möglichkeit, Abwechslung vom Alltag zu bekommen und neue Abenteuer zu erleben. Zudem lerne ich auf meinen Reisen immer sehr viel – sei es neue Sachen, Gerichte und Kulturen und eigne mir auch Neues an.

Was verbindest du mit München?

Mit München verbinde ich vor allem auch Heimat, denn hier bin ich geboren, aufgewachsen und verbringe daher den Großteil meines Lebens hier.

Wenn ich an München im Speziellen denke, dann verbinde ich damit den Englischen Garten, die Isar, die flache Bauweise der Stadt, die bayerische Kultur, die Nähe zu den Bergen und den vielen Seen und natürlich auch das Oktoberfest, welches ja nur wenige Gehminuten vom bnb entfernt ist.

München meets ⟶ Vietnam

Radi trifft auf Reisnudeln. Auf einer bayerischen Brotzeitplatte darf der fein geschnittene, weiße Rettich auf keinen Fall fehlen und auch das Münchner Kindl hat auf vielen Darstellungen einen Rettich in der Hand. Warum also nicht im Sinne der kulinarischen Verständigung München und Vietnam etwas näher zusammenbringen?

BUN CHA MIT RETTICH

**ZUTATEN
(2 PERSONEN):**

- 200 g Reisnudeln
- 1 Karotte
- 1 Rettich
- 1 kleine Gurke
- 6 Salatblätter
- 250 g Tofu
- Sojasoße
- 1 Limette
- ½ TL Chili
- 2–3 Löffel Kokosöl
- 2–3 Stängel frischer Koriander
- 2–3 Stängel frische Minze

Die Reisnudeln nach Packungsbeilage kochen. Den Tofu würfeln und mit etwas Öl anbraten, zum Schluss mit Sojasoße ablöschen. Währenddessen den Rettich sowie Karotte und Gurke grob raspeln. Den Salat in Streifen schneiden und das frische Gemüse anschließend auf zwei Schalen aufteilen. Die gekochten Reisnudeln dazugeben. Obenauf den Tofu sowie Koriander und Minze verteilen. Zuletzt eine Soße aus Kokosöl, Limette, Chili und 5 Esslöffeln Sojasoße mischen und darüber geben.

HEIMAT

Von Wohneigentum, Verlusten und Sehnsüchten

Bei der Auseinandersetzung mit der von Einwanderung geprägten Gastronomieszene Münchens sowie dem Reisen an sich, liegt die Betrachtung von Heimat nahe. Bedingt durch Wohn- und Ortswechsel sowie Entwurzelung im Allgemeinen zeigt sich, dass Heimat ein vielschichtiger, kaum greifbarer Begriff ist.

Wenn Hilde das Fenster öffnete, konnte sie auf den Innenhof des Hauses blicken. Sie sah die Hühner umherlaufen, hörte den Hund in seiner Hundehütte bellen, wenn einer der Nachbarn die ungeteerte Straße entlang lief, und sie roch den Duft der gegrillten Paprika, die ihre Cousine Helga nebenan zubereitete, um sie anschließend zu häuten und einzulegen. Heute, mehr als 30 Jahre später, sieht sie beim Blick aus dem Fenster auf die parkenden Autos vor ihrer Wohnung, hört die S-Bahn, wie sie alle 20 Minuten in den Bahnhof einfährt und riecht das Parfum der Nachbarin, die auf dem Balkon über ihr sitzt.

30 Jahre in Deutschland, das ist eine lange Zeit. Doch wenn sie ihrer Enkelin von dem Haus mit dem schmiedeeisernen Tor, von den Hühnern und Schweinen oder der Dorfkirche erzählt, spricht sie von Heimat. Dem Land, in dem sie ohne Mutter aufgewachsen ist, weil diese lange in einem Gefangenenlager in Russland war. Dem Land, in dem sie selbst von früh bis spät in der Fabrik schuftete, damit genügend Geld im Haus war. Dem Land, in das vor mehr als 800 Jahren ihre Vorfahren umgesiedelt wurden.

Wenn Hilde an Heimat denkt, kann sie den fruchtig und zugleich würzigen Geschmack von Zacuscă schmecken. Das Mus aus Paprika, Auberginen und Tomaten wurde meist im Spätsommer eingekocht und konnte dann monatelang aufbewahrt werden. Sie denkt an Vinete, die rauchige Auberginenpaste, die ihre Enkelin noch heute in Deutschland so gerne isst – auch wenn die Auberginen mittlerweile nicht mehr aus dem Garten, sondern aus dem Supermarkt kommen und zum Rösten ein Grill statt der heißen Herdplatte in der Sommerküche verwendet wird. Wenn Hilde an Heimat denkt, kann sie das frisch gebackene Kartoffel-brot riechen, für welches sie die Zutaten beim Bäcker im Ort abgab, der daraus gegen einen geringen Betrag die köstlichen Laibe zubereitete.

Was ist Heimat? Ist es der Ort, an dem ein Mensch geboren wurde? Der Ort, von dem die Familie stammt? Ist es überhaupt ein Ort? Ist es nicht vielmehr etwas, das wir im Herzen tragen? Ein Zugehörigkeitsgefühl unabhängig von Zeit und Raum? Geprägt von Erlebnissen, Erinnerungen und Kultur?

Zwar gibt es für den Begriff Heimat eine Definition im Duden, doch wenn man etwas genauer hinsieht, wird schnell klar: Heimat ist weit mehr als »Land, Landesteil oder Ort, in dem man [geboren und] aufgewachsen ist oder sich durch ständigen Aufenthalt zu Hause fühlt«.

Während Heimat noch in der zweiten Hälfte des 19. Jahrhunderts in erster Linie ein juristischer Begriff war, der an Wohneigentum gekoppelt wurde und ein Aufenthalts- bzw. Bleiberecht implizierte, bildete sich mit der Zeit ein regional verankertes und territoriales Heimatverständnis. Eine Idealisierung, Emotionalisierung und Ästhetisierung waren die Folge – Faktoren, die auch heute noch das Heimatbild prägen. Heimat bildete sich aus persönlichen Erfahrungen an einem bestimmten Ort, vor allem auf zwischenmenschlicher Ebene und immer verbunden mit Emotionen.

Zugleich lässt sich die Schwierigkeit des Wortes Heimat erkennen, blickt man auf Länder, in denen gesellschaftliche oder politische Umbrüche stattfinden. Zum einen, weil der Begriff in vielen anderen Sprachen keine genaue Entsprechung hat, zum anderen, weil seine Interpretation viele regionale, kulturelle, soziale und situative Unterschiede aufweist. Gerade Verlustsituationen, Flucht, Aussiedlung oder Umsiedlung wirken sich stark auf die Auseinandersetzung mit Heimat aus. Denn Heimat geht eben weit über die Ortsverbundenheit hinaus, oft wird sie zur Projektionsfläche der Sehnsucht nach Zugehörigkeit. Und so befinden sich besonders Menschen, die mit Entwurzelungen zu kämpfen haben, häufig im Spagat zwischen Integration und Kultivierung heimatlicher Tradition, auf der Suche nach ihrer Identität.

Wenn Hildes Enkelin von Heimat spricht, muss sie lange nachdenken. Sie hat München, außer für ein paar Wochen Urlaub, noch nie verlassen. Sie wurde großgezogen ohne einen Bezug zu Siebenbürgen/Rumänien, dem Geburtsland ihrer Mutter oder Großmutter, zu entwickeln. Gleichzeitig kennt auch sie das Gefühl der Unsicherheit in Bezug auf ihr Dasein, den Wunsch anzukommen und ihren Platz in der Welt zu finden.

Der Begriff Heimat und die Auseinandersetzung mit der Thematik kann noch weiter gefasst werden und geht mit einer allgemeinen Unsicherheitssituation einher. Durch die Globalisierung, die Beschleunigung des Lebens und daraus resultierenden (gefühlt unendlichen) Möglichkeiten befindet sich unsere Gesellschaft im Wandel. Dies führt zu einem Suchprozess vieler Menschen, einer Suche nach Sicherheit, nach Werten, nach einem Ankerpunkt – im Bestreben, die eigene Identität zu formen und sich selbst zu verorten. Genau dieses Bedürfnis nach Heimat wird in den letzten Jahren in Deutschland auf verschiedensten Ebenen aufgegriffen: sei es bei Filmfestivals, in wissenschaftlichen Auseinandersetzungen, verschiedensten Büchern oder in der Tourismusbranche. Heimat wird zum Inbegriff von Harmonie, Zufriedenheit und Sicherheit.

Betrachten wir also die verschiedenen Perspektiven auf den Begriff Heimat, stellen sich umso mehr die Fragen: Inwiefern nehmen wir Heimat und das, was der Begriff für uns ausmacht, überhaupt im Alltag wahr? Beschäftigen wir uns nicht erst dann mit Heimat, wenn sie uns fehlt? Wenn wir uns entwurzelt fühlen, Sehnsucht nach Sicherheit haben, in ein anderes Land ziehen oder länger verreisen zum Beispiel. Wenn wir also Heimweh empfinden? Ist es mit der Heimat nicht ähnlich wie mit vielen anderen Dingen in unserem Leben, die uns zur Selbstverständlichkeit geworden sind? Deren Bedeutung uns erst dann bewusst wird, wenn wir sie entbehren. Ähnlich wie es uns in der Corona-Pandemie mit dem Verlust scheinbar ganz banaler Dinge ging wie uneingeschränkter Bewegungsfreiheit, Gesundheit oder einer liebevollen Umarmung.

Franziska zu Reventlow, die als Frau und Schriftstellerin die Münchner Künstlerszene zur Zeit der Schwabinger Bohème prägte, sprach sogar von verschiedenen Gefühlen des Heimwehs: »Eines nach der wirklichen Heimat [...]. Dann ein Gewohnheitsheimweh, nach dem Ort oder den Orten, wo man länger gelebt hat. Und schließlich ein ganz starkes nach der Fremde, nach Eisenbahnen, Dampfschiffen, fremden Sprachen, Koffern und Hotels.«

Dieses dritte Gefühl von Heimweh nach dem Unbekannten würden wir heute vielleicht als Fernweh beschreiben. Auch das wiederum ist insbesondere dann besonders stark, wenn man die Fremde kennt, diese aber momentan vermisst. Heimat ist »Hoffnung, Sehnsucht und Traum«, schreibt Bernhard Schlink, und Heimat ist eine Utopie, genauso wie auch die Ferne, ein bestimmtes Reiseziel eine Utopie ist. Aber damit beschäftigen wir uns in einem anderen Text.

UNTERWEGS SEIN

Von Fernweh, Reiselust und Mikroabenteuern

Warum Reiselust und Fernweh nicht das Gleiche sind. Und wie mir eine Reise an die Ostsee zeigte, was ich in meinem Alltag ändern kann. Ein Text über die Sehnsucht nach fremden Orten und dem Bedürfnis, einfach mal weg zu sein.

Während ich diesen Text schreibe, sitze ich an der Ostsee, auf einem Balkon mit Meerblick. Die letzten Monate bin ich nahe am Burnout entlang geschippert. Eine Deadline jagte die nächste, eine abgesagte Hochzeitsparty nagte an meinem Nervenkostüm, hinzu kam das Engegefühl und die Frustration in der nun schon so lange andauernden Pandemie. Mein Schiffsboden, um bei diesem Bild zu bleiben, hatte Löcher bekommen, durch die das Wasser eindrang und mich langsam zum Sinken brachte. Diese Ferienwohnung an der Ostsee, diese eine Woche Auszeit ist nun wie ein Rettungsanker für mich, der mich innehalten lässt und mir im positiven Sinn den Wind aus den Segeln nimmt.

Bei meinen Recherchen versuche ich zunächst, der Frage auf den Grund zu gehen, was uns letztendlich hinaustreibt in die weite Welt. Die Tourismusforscherin Dr. Kristiane Klemm von der Freien Universität Berlin ist der Ansicht, dass allen möglichen Erklärungsversuchen letztendlich ein Grundbedürfnis zugrunde liegt: Differenzerfahrung, Abwechslung vom Alltag, Andersartigkeit erfahren. Wir sind auf der Suche nach Grenzerfahrungen, nach Abenteuern, nach dem Unbekannten, nach Freiheit.

Hier wird für mich die Notwendigkeit einer Unterscheidung von Fernweh und Reiselust deutlich. Zwar ist Fernweh im Laufe der Zeit zu einem Trend-Begriff in Kunst und Literatur, in den Medien und im Marketing geworden, doch gerade deshalb ist es wichtig, zwischen Fernweh und Reiselust zu differenzieren. Fernweh spielt mit den Zwängen unseres Alltags, mit der Sehnsucht, die vertraute Welt zu verlassen und alle Sorgen hinter sich zu lassen, abzuschalten. Fernweh geht mit einem Fluchtgedanken einher, mit der Erwartung, dass uns in der Ferne die heile, authentische Welt, ein glückliches Leben erwartet – zumindest für ein paar Tage oder Wochen. So beschreibt es auch Hans-Magnus Enzensberger. Die Reiselust geht über das Bedürfnis der

Abwechslung und Flucht hinaus. Es geht zusätzlich um Neugier, um das Interesse an anderen Kulturen, um die Erweiterung des eigenen Horizonts, um das Über-den-Tellerrand-blicken.

Ohne dass ich lange überlegen muss, wird mir klar: Was mich hierher an die Ostsee geführt hat, ist mein Fernweh. Mein tiefes Bedürfnis, dem Alltag zu entfliehen. Der engen Wohnung sowie dem ständigen Blick auf den Laptop zu entkommen und den Stress hinter mir zu lassen. Tief in meinem Herzen ist jedoch die Reiselust verankert, das Interesse an fremden Sprachen, die Begeisterung für exotische Früchte und die Freude an der vielfältigen Natur unseres Planeten.

Und genauso geht es sicherlich nicht nur mir. Die meisten unserer Reisen sind vermutlich getrieben von einer Kombination aus Fernweh und Reiselust. Auf der einen Seite fehlen uns häufig Strategien und Möglichkeiten, den Alltag weniger überfordernd, weniger belastend zu gestalten, damit wir nicht immer wieder den drängenden Wunsch nach einer Auszeit verspüren. Auf der anderen Seite sind wir neugierig und haben Träume. Wir haben Sehnsuchtsziele vor Augen, malen uns unseren Aufenthalt bis ins kleinste Detail aus. Wir informieren uns mithilfe von Reiseführern, Blogs oder Dokumentationen über das nächste Reiseziel und formen so Bilder und Erwartungen des Unbekannten. Mit all diesen Informationen erschaffen wir uns im Grunde immer wieder

neue Utopien. Dabei bedienen wir uns zwangsläufig Stereotype und Klischees sowie idealisierter Darstellungen unseres Reiseziels. Manche davon mögen stimmen, bilden aber natürlich nur einen Teil der Realität vor Ort ab. Nun sind Klischees oft ein Problem, gerade wenn es zum Beispiel um Diskriminierung geht. Beim Reisen jedoch geben sie uns eine erste Orientierung, sie schüren unsere Sehnsucht und unsere Vorfreude. Diese Traumbilder erschaffen wir uns nicht nur persönlich. Die Klischees werden sowohl vom Land selbst als auch von der Tourismusbranche und jeglicher Reiseliteratur unterstrichen.

Und ist es nicht tatsächlich so, dass es in Island wunderbare Wasserfälle gibt, in Italien duftende Zitronenhaine wachsen oder griechische Inseln von traumhaftem türkisen Meer umgeben sind? Aber da ist eben noch mehr. Wichtig ist also letztendlich, nicht in diesen Klischees verhaftet zu bleiben, sein Bild vor Ort nachzujustieren und aufmerksam zu reisen. Um herauszufinden, wo Klischees ihren Ursprung haben, worin der vielleicht wahre Kern liegt, und um ein Land in all seinen Facetten kennenzulernen, um das Positive und das Negative zu sehen – denn nichts ist perfekt.

Das Geschenk des Reisens und all der neuen Erlebnisse wird einem meist nur dann in seiner Gänze bewusst, wenn es auch einen Gegensatz dazu gibt. Einen Alltag, der einem die Besonderheiten der

Reise vor Augen führt. Denn genau diese Gegensätze sind es, die das Leben in seiner Fülle erfahrbar machen – entsprechend dem Prinzip von Yin und Yang.

Die Reise an die Ostsee hat mir neue Energie gegeben. Ich konnte alles in mir ein bisschen sortieren und neue Kraft tanken. Meine Segel habe ich etwas nachjustiert, habe mir vorgenommen, künftig etwas langsamer unterwegs zu sein. Damit ich so bald keinen Rettungsanker mehr brauche, sondern stattdessen einfach kurze Pausen einlege und alles um mich herum bewusster wahrnehme. Denn solche extremen Erfahrungen im Alltag oder auch die Pandemie-Situation im Allgemeinen zeigen uns nicht nur, wie sehr wir die Ferne und das Unbekannte vermissen, sie können zudem ein Lehrmeister für die Gegenwart sein.

Darüber hinaus wird mir mal wieder bewusst: Reisen muss man sich leisten können. Man muss das nötige Geld besitzen, Zugang zu Transportmitteln haben und natürlich freie Zeit. Reisen ist ein Privileg und wie bei so vielem anderen ist es auch beim Reisen häufig nicht anders: Reicht man uns den kleinen Finger, nehmen wir gerne die ganze Hand. Statt Gardasee soll es das nächste Mal zumindest Griechenland, am besten aber gleich Thailand werden. Warum? Weil wir es uns leisten können, weil der Nachbar letztes Jahr dort war, weil wir so viele tolle Bilder in den sozialen Medien gesehen haben.

Ich nehme mir vor, dankbar zu sein. Dafür, dass ich auf diesem Balkon mit Meerblick an der Ostsee sitzen durfte. Dafür, dass ich schon so viel von der Welt gesehen habe und dass mir die Möglichkeiten des Reisens offen stehen. Gleichzeitig möchte ich etwas von dem, wie ich auf Reisen bin, in meinen Alltag integrieren. Achtsamkeit für das, was um uns herum passiert. Wertschätzung für die Stadt, in der ich lebe, für die Menschen, die mich umgeben, für mich selbst. Interesse, nicht nur an der großen weiten Welt, sondern auch an dem Viertel am anderen Ende der eigenen Stadt. Neugier auf das, was ich erleben kann, wenn ich den unbekannten, längeren Weg zur Arbeit nehme oder ein neues Restaurant ausprobiere.

Es sind diese Mikroabenteuer, die letztendlich in unserem Alltag den Unterschied machen. Die unser Fernweh stillen, sodass wir uns bei der nächsten Reise vor allem von unserer Reiselust treiben lassen können. Und genau das ist es auch, was Annika und ich mit diesem Buch vermitteln wollen. München ist wunderschön, München ist vielfältig und in München lässt sich fast die ganze Welt kulinarisch erleben.

Hightech-Trends, Manga-Kultur und pulsierende Städte treffen auf friedliche Tempelanlagen, kunstvoll angelegte Gärten mit akkurat geschnittenen Bonsai-Bäumen und traditionelle Holzhäuser. Und auch was die Kulinarik angeht, treffen in Tokyo Gegensätze aufeinander. In kaum einer anderen Stadt der Welt gibt es mehr Sterne-Restaurants, gleichzeitig kannst du unzählige Snacks an einem der vielen Stände kaufen oder dich durch unvorstellbar vielseitiges Streetfood probieren. Osaka, Kyoto und weitere Städte sind bekannt für ihr regionales Essen – überall lässt sich die jahrtausendealte Esskultur Japans erleben.

In Japan wird traditionell viel Fisch gegessen. Doch auch aufgrund der buddhistischen Einflüsse findest du auch einige vegetarische und vegane Optionen. Dabei kommt nicht nur das allseits bekannte Sushi auf den Teller, sondern zudem viele bei uns unbekannte Gerichte. Da gibt es Okonomiyaki (japanische Pfannkuchen) verschiedenste Spieße in einer der typischen Izakaya-Kneipen oder Onigiri (kalte Reisküchlein mit verschiedensten Füllungen) und nicht zu vergessen Soba-Nudeln aus Buchweizen. »Oishii!« – »Lecker!«

Nicht nur die Esskultur, sondern auch die Teekultur hat eine lange Tradition. Dabei gibt es genaue Anweisungen zu Art und Zubereitung sowie der Umgebung, in der die Zeremonie stattfindet. Meist dauert der komplette Ablauf mehrere Stunden und im Fokus stehen die vier Prinzipien Wa (Harmonie), Kei (Respekt), Sei (Reinheit) und Jaku (Stille).

Für ein bisschen mehr Japan-Feeling in München kannst du im Tushita Teehaus in der Klenzestraße biologisch angebaute Tees und traditionelle Zubereitungsmethoden erleben, bevor du dich durch die weiteren kulinarischen Stopps probierst. Dazu ein Besuch des jährlich stattfindend Japan-Fests oder ein Frühjahrsspaziergang unter rosa blühenden Kirschbäumen im Olympiapark, dem Westfriedhof oder dem Rosengarten in Untergiesing und München war Japan noch nie so nahe.

GYOZA BAR
Augustenstraße 47

**TANPOPO
KONDITOREI CAFÉ**
Maillingerstraße 6

SUSHI SANO
Brunnstraße 6

Die rosa Kirschblütenpracht im Olympiapark erinnert an den Frühling in Japan.

GYOZA BAR

**Feinste Teigtaschen für authentisches
Japan-Feeling mitten in München**

Teigtaschen gibt es auf der ganzen Welt. Egal ob Jiaozi in China, Ravioli in Italien, Piroggen in Polen oder eben Gyoza in Japan. Dort sind sie ein beliebtes Essen in den japanischen Kneipen (Izakaya) oder in Ramen-Restaurants als Vorspeise. Traditionell werden meist sechs, acht oder zwölf Gyoza von einer Seite in der Pfanne gebraten.

Das Gyoza in der Maxvorstadt hat sich – wie der Name schon sagt – den gefüllten Köstlichkeiten aus Japan verschrieben. Die zarten, hausgemachten Teigtaschen sind mit verschiedenen unglaublich würzigen Füllungen erhältlich. Die Basis besteht immer aus Weißkraut, Shiitake-Pilzen, Ingwer, Frühlingszwiebeln und Karotten, dazu kann zwischen Hühner-, Rind- oder Schweinefleisch und Gemüse gewählt werden. Die Gyoza werden gebraten serviert, dazu gibt es einen cremigen Erdnuss- sowie einen Chili-Dip.

Drinnen ist das Lokal recht einfach, fast schon wie eine Art Imbiss: graue Wände, schlichte Holzmöbel. Viele Sitzplätze gibt es nicht und so freut es umso mehr, dass die Gäste im Sommer auch draußen sitzen können.

Lass dir die Gyoza auf der Zunge zergehen und lerne ein traditionelles japani-

LIEBLINGSGERICHT:
Gyoza Gemüse

ATMOSPHÄRE:
Cozy Dining

LIEFERUNG/ABHOLUNG:
Lieferung und Abholung möglich

ADRESSE:
Augustenstraße 47, 80333 München

sches Gericht abseits des bekannten Sushi kennen. Denn was gibt es Besseres, als sich bei seinen Reisen überraschen zu lassen, Unbekanntes auszuprobieren und sich fern von gewohnten Pfaden zu bewegen? Gutes Genießen bei diesem kulinarischen Abenteuer in Japan!

TANPOPO KONDITOREI CAFÉ

Grüner Kuchen und Melonpan

Konditormeisterin Kanako Okada kombiniert im Tanpopo japanische und deutsche Traditionen. Das helle Café in Neuhausen ist zugleich auch die Backstube und so kannst du dich nicht nur durch den wunderbaren Duft und den vortrefflichen Geschmack, sondern auch mit den Augen von der Backkunst der Japanerin überzeugen.

Im Tanpopo gibt es alles, was das Kuchenherz begehrt. Liebevoll verzierte Tartes, Klassiker wie Käsekuchen, Croissants oder Windbeutel und ganz besondere Hingucker. Der Matcha-Chiffon-Cake zum Beispiel erregt alleine durch seine grüne Farbe Aufsehen, doch auch der fluffige Teig in Kombination mit der leicht herben Note des Matchas überzeugt. Ähnlich exotisch sieht die

Grüner-Tee-Roulade aus. Für weniger experimentierbegeisterte Japanfreunde ist das Melonpan zu empfehlen, ein süßes Gebäck: innen unglaublich luftiger Hefeteig, außen knuspriger Keksteig. Der Name Melon kommt tatsächlich von

LIEBLINGSGERICHT:

Matcha-Chiffon-Cake

ATMOSPHÄRE:

Cozy Café

LIEFERUNG/ABHOLUNG:

Abholung möglich

ADRESSE:

Maillingerstraße 6, 80636 München

Melone, allerdings eher wegen der Form und nicht wegen des Geschmacks.

In den hellen, minimalistisch eingerichteten Räumlichkeiten kannst du den Japan-Stopp auf deiner kulinarischen Weltreise auf jeden Fall genießen und kehrst etwas zufriedener in den Alltag zurück – denn Kuchen macht schließlich glücklich, so das Motto von Kanako Okada.

SUSHI SANO

Familienbetrieb mit langer Tradition

Bereits 1996 eröffnete der Japaner Takaaki Sano das Sushi Sano in München, das heute bereits in zweiter Generation geführt wird. Das kleine Restaurant ist fast ganz in weiß gehalten und die hellen Holzmöbel sowie die anthrazitfarbenen Lampen im Industrial Style passen perfekt zum modernen Ambiente.

Bestellen kannst du verschiedenste, frisch zubereitete Sushi-Varianten: vegetarisch, vegan oder mit Fisch, Maki, California Rolls mit Frischkäse, Inari, Tamago und Co. Dazu köstliche Kleinigkeiten wie gebratene Aubergine (Nasumiso), Edamame oder Seealgensalat (Goma Wakame) und ein japanisches Bier, so bist du Japan schon ein ganzes Stückchen näher.

Für ein bisschen mehr Sushi-Wissen hier noch ein paar interessante Fakten: Traditionelles Sushi besteht nur aus Noriblatt, Reis und Fisch, es wird in Japan mit den Fingern statt mit Stäbchen gegessen und das normalerweise in einem Happen, also ohne abzubeißen. Wasabi wird in Japan nicht zum Sushi gereicht, sondern bereits bei der Zubereitung beigefügt und der Ingwer ist zum Neutralisieren zwischen den einzelnen Rollen gedacht, nicht on top. In diesem Sinne, »itadakimasu« oder »guten Appetit«.

Übrigens: Neben dem Restaurant in der Brunnstraße gibt es auch eine Filiale in der Zweibrückenstraße, das Nudelhaus Sano. Dort gibt es neben Sushi, wie der Name schon sagt, verschiedenste Nudelgerichte. Ramen, Udon und japanische Glasnudeln in unterschiedlichsten Brühen und mit diversen Beilagen wie frittiertem Tofu oder Garnelen, eingelegtem Ei, Huhn, Schweine- oder Rindfleisch sowie beispielsweise eingelegtem Gemüse.

LIEBLINGSGERICHT:
Avocado-Maki

ATMOSPHÄRE:
Cozy Dining

LIEFERUNG/ABHOLUNG:
Lieferung und Abholung möglich

ADRESSE:
Brunnstraße 6, 80331 München

→

Mit Kanako Okada von der Tanpopo Konditorei

Was ist die Geschichte zu deiner Konditorei und deinem Café?

Ich habe hier in Deutschland meine Ausbildung zur Konditormeisterin gemacht und 2005 meine Konditorei gegründet. Zunächst habe ich einen kleinen Raum gemietet, bei dem die Kunden die Backwaren abholen konnten. Doch nach ein paar Jahren ist es zu eng geworden und ich bin 2008 mit der Konditorei in die Maillingerstraße umgezogen. Das Besondere am Tanpopo ist, dass wir nicht nur klassische deutsche Backwaren, sondern auch französische und japanische Spezialitäten anbieten. Teilweise sind das Eigenkreationen, aber wir haben auch Unterstützung von einem japanischen Konditormeister, der Rezepte aus Japan mitgebracht hat.

Welchen Bezug hast du zu Japan?

In Japan sind meine Wurzeln. Ich komme aus einem ganz kleinen Ort mit 6000 Einwohnern an der Küste. Mein Vater hatte dort ein Kimono-Geschäft mit einer mehr als 200 Jahre alten Tradition. Ich bin jedes Jahr in Japan, um für meine Konditorei einzukaufen und habe dort auch schon Backkurse gegeben.

Was bedeutet für dich Heimat?

Heimat ist für mich der Ort, an dem ich mich wohlfühle.

Welches Gericht drückt Heimat für dich aus?

Viele Leute würden vielleicht Sushi erwarten. Aber tatsächlich ist es für mich Tofu, der ist in Japan wirklich super lecker. Oder Soba-Nudeln, die mag ich auch sehr gerne. Aber auch frischen gegrillten Fisch verbinde ich mit Heimat, in Erinnerung an die Hafenstadt aus der ich komme. Das sind zwar alles simple Gerichte, aber das erste, was ich essen möchte, wenn ich in Japan bin.

Was verbindest du mit München?

Wenn ich von Reisen zurückkomme fühle ich mich in München einfach total wohl und Zuhause. Und wenn ich zum Beispiel in der kleinen Weinbar nahe meiner Wohnung auf der Terrasse sitze, in einen der Buchläden gehe oder an der Isar spaziere, habe ich das Gefühl, angekommen zu sein.

»Wenn ich an der Isar spaziere, habe ich das Gefühl, angekommen zu sein.«

München meets $\longrightarrow$ Japan

Mangold trifft auf Sojabohnen. Die traditionelle japanische Gewürzpaste Miso enthält vor allem eines: Sojabohnen. Zusammen mit dem heimischen Mangold, den es nicht nur in klassischem Grün, sondern auch in unterschiedlichen Gelb- und Lilatönen gibt, ergibt sich so eine köstliche japanische Miso-Suppe mit wunderbaren Farbtupfern. Bunt und facettenreich wie Japan selbst.

MISOSUPPE MIT MANGOLD

**ZUTATEN
(2 PERSONEN):**

- 1 l Gemüsebrühe
- 3 TL Misopaste
- 2 Frühlingszwiebeln
- 1 EL Sojasoße
- 250 g Tofu
- 250 g Mangold

Bringe die Gemüsebrühe zum Kochen und lasse die Flüssigkeit anschließend bei mittlerer Hitze köcheln. Nun, wenn die Flüssigkeit nicht mehr kocht, die Misopaste stückchenweise mit einem Schneebesen unterrühren. Anschließend den Tofu würfeln, dazugeben und 10 Minuten weiter köcheln lassen. Die Frühlingszwiebeln sowie den Mangold in Streifen schneiden, ebenfalls mit in die Suppe geben und 5 Minuten ziehen lassen. Mit Sojasoße abschmecken und heiß servieren.

Eine Reise durch China ist voller Höhepunkte, voller Extreme. Da gibt es die riesigen Megacitys wie Shanghai oder Peking, die mehr als 5000 Kilometer lange Chinesische Mauer oder einen 71 Meter hohen Buddha in der Nähe von Chengdu. Es gibt bunte Regenbogenberge in Zhangye, eine riesige Terrakotta-Armee mit mehr als 8000 Statuen nahe der Provinzhauptstadt Xi´an oder einen leuchtend türkisen Karstfluss im Huanglong Nationalpark zu bestaunen. Das Land ist voller Überraschungen und seine Städte, Natur, Kultur und Küche voller Besonderheiten.

Dabei von einer chinesischen Küche zu sprechen ist schwierig, denn die traditionellen Zutaten und Gerichte der 23 Provinzen Chinas sind so unterschied-lich wie die Regionen und die verschiedenen Bevölkerungsgruppen selbst. Während im Norden des Landes eher Getreideprodukte und weiter südlich mehr Reis gegessen wird, legen alle Köche auf eines ganz besonders viel Wert: Die Farben, Konsistenz und Aromen müssen ein stimmiges Gesamtkunstwerk ergeben. Gerade die harmonische Zusammenstellung der Speisen in Bezug auf die geschmackliche Vielfalt von salzig über scharf bis hin zu süß und sauer hat eine große Bedeutung.

Gegessen wird so oft es geht gemeinsam. Dabei werden alle Gerichte in Schalen in der Mitte eines runden Tisches platziert und jeder nimmt sich, worauf er gerade Lust hat. Das Essen in einem Restaurant oder zu Hause kann dabei genauso gut schmecken wie an einem der vielen einfachen Straßenstände. Wenn du bei chinesischer Küche in Deutschland zunächst an »All you can eat«-Buffets oder Imbissbuden denkst, wird dich unsere Auswahl an chinesischen Restau-rants in München in ganz andere Sphären entführen. Vom chinesischen Turm im Englischen Garten bis hin zum chinesischen Garten im Westpark: Um dich ein bisschen wie im Reich der Mitte zu fühlen, reicht ein Spaziergang in den Münchner Parkanlagen und ein Besuch unserer Restaurant-vorschläge. Also ran an die Stäbchen und los geht's!

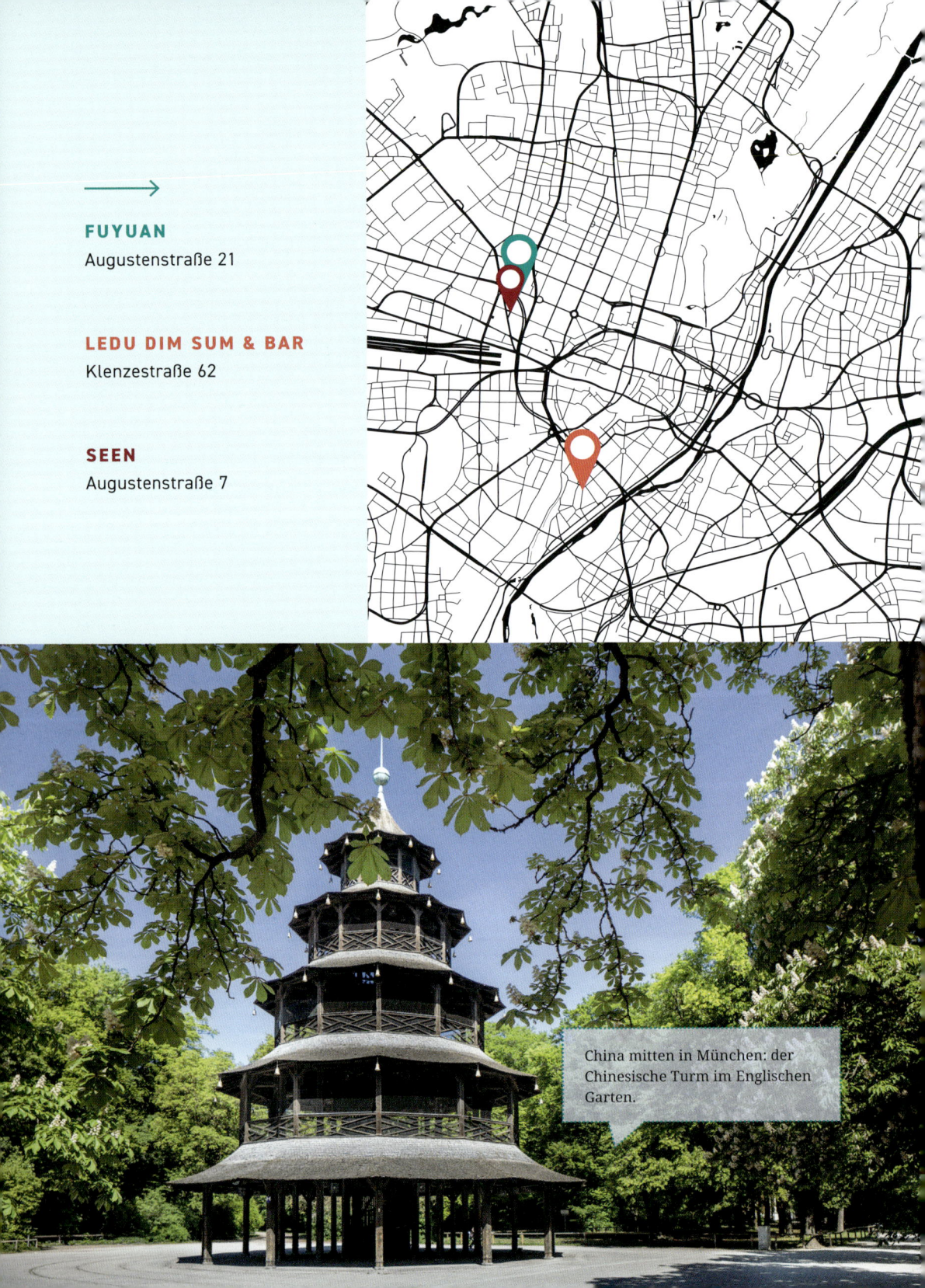

FUYUAN
Augustenstraße 21

LEDU DIM SUM & BAR
Klenzestraße 62

SEEN
Augustenstraße 7

China mitten in München: der Chinesische Turm im Englischen Garten.

FUYUAN

Authentische chinesische Küche mit riesiger Speisekarte

Das Fuyuan ist in jeder Hinsicht ein traditionell chinesisches Restaurant. Gerade deshalb haben wir das Lokal in der Maxvorstadt mit in unsere kulinarische Reise durch München eingeplant. Das Ambiente ist unaufgeregt und schlicht: helle Wände, im Kontrast dazu dunkle Holzmöbel und einige chinesische Accessoires in Wandnischen platziert.

Die Speisekarte ist dafür umso vielseitiger und du solltest auf jeden Fall genug Zeit zum Studieren einplanen. Zwar liegt der Fokus auf Fleisch und Fisch, doch auch Vegetarier werden im Fuyuan definitiv satt. Also lass dich überraschen von abwechslungsreichen Zutaten und traditionellen Gerichten der Sichuan-Küche.

Stell dir am besten mit deiner Begleitung aus den verschiedenen kleinen Gerichten ein vielseitiges Menü zusammen und probiere dich im Laufe des Abends durch die raffinierten authentischen Delikatessen. Wie wäre es zum Beispiel mit fluffigen Hefeteigknödeln (Shu Chai Bao) gefüllt mit Gemüse? Dazu ein scharfer Algensalat, knusprige Frühlingsrollen und Gurkensalat chinesischer Art mit Sojasoße und Reisessig? Oder einem herzhaften Mu-Err-Pilze-Salat, einer wärmenden Nudelsuppe, gebratenen Kartoffelstreifen oder dem typischen gebratenen Pak Choi?

LIEBLINGSGERICHT:
Shu Chai Bao

ATMOSPHÄRE:
Cozy Dining

LIEFERUNG/ABHOLUNG:
Lieferung und Abholung möglich

ADRESSE:
Augustenstraße 21, 80333 München

Wir könnten hier noch viel mehr exotische Kombinationen aufzählen, aber das würde definitiv den Rahmen sprengen. Also mach dir am besten selbst ein Bild und vergiss nicht, genügend Platz im Magen für die Nachspeisen zu lassen. Denn auch hier werden deine Erwartungen an einen kulinarischen Ausflug nach China nicht enttäuscht: Es gibt gebackene Bananen, Mango-Pudding, frittierte und gedämpfte Bällchen mit Rote-Bohnen-Paste und Sesam.

Neben den typischen Gerichten sorgen das chinesische Bier Tsingtao oder chinesischer Reiswein für noch mehr China-Feeling mitten in der Maxvorstadt. Das Wort »Prost« gibt es in China übrigens nicht, oftmals wird aber »Ganbei« gesagt, was wörtlich übersetzt »trockenes Glas«, also »auf ex trinken« bedeutet.

LEDU DIM SUM & BAR

Stilvolles Restaurant mit besonderem Menü-Konzept

Das LeDu Dim Sum & Bar gibt es mittlerweile mehrmals in München und überall wird ein anderer kulinarischer Schwerpunkt gesetzt. Das Restaurant in der Klenzestraße bietet in erster Linie Dim Sum und ist mit seiner edlen Einrichtung ein Ruhepol, den man in China so nicht erwarten würde. Die dunklen Wände und Möbel harmonieren mit den goldenen Elementen, das gedämpfte Licht schafft Gemütlichkeit und bietet so das ideale Ambiente für einen stilvollen Abend.

LIEBLINGSGERICHT:

Shirataki-Nudelsalat

ATMOSPHÄRE:

Fine Dining

LIEFERUNG/ABHOLUNG:

Lieferung und Abholung möglich

ADRESSE:

Klenzestraße 62, 80469 München

Dim Sum stammen ursprünglich aus der kantonesischen Küche und sind kleine Köstlichkeiten, die meist gebraten oder gedämpft serviert werden. Im LeDu Dim Sum & Bar sind das vor allem gefüllte Teigtaschen, zum Beispiel mit asiatischen Brokkoliblättern, dicken Glasnudeln, Shi- itake-Pilzen und Szechuan- Pfeffer. Unbedingt probieren solltest du die Aubergine in hausgemachter Yuxiang-Soße, die mit Pfannkuchen, Koriander und Zwiebeln zum selbst Einrollen serviert wird. Damit du noch viele weitere Besonderhei-

ten wie die scharfen Salate und raffinierten Suppen mit köstlichen Einlagen probieren kannst, gibt es im LeDu Dim Sum & Bar ein ganz eigenes Konzept: Bestellt wird immer ein Menü, das aus vier Gerichten besteht. Dabei kannst du von der gesamten Speisekarte wählen. Die Dim Sum werden anschließend nicht in einer speziellen Reihenfolge serviert, sondern kommen auf den Tisch, sobald sie fertig sind. Wir wünschen dir einen köstlichen Stopp auf deiner kulinarischen Weltreise und viel Freude beim Ausprobieren.

SEEN

Kulinarische Brücke zwischen München und Chengdu

Die Sichuan-Küche gehört zu den am weitesten verbreiteten Küchen in China. Kein Wunder, dass sie auf unserer kulinarischen Weltreise gleich mehrmals vorkommt. Der Chefkoch des Seen, Jianguo Zhang, stammt aus Chengdu, der Millionenmetropole im Zentrum Chinas, und führt dich in seinen Gerichten durch die Aromen seiner Kindheit. Das Restaurant ist stilvoll in hellen Beige- und Grautönen gehalten und die individuellen Korblampen verströmen ein warmes, gemütliches Licht.

Genauso modern wie das Restaurant ist auch die Speisekarte. Die Gerichte haben hier keine Namen, sondern es werden lediglich die Hauptzutaten aufgeführt. Hast du bestellt, wird das Essen nicht nur ansprechend angerichtet serviert, sondern es schmeckt auch vorzüglich. Der Name des Lokals »Seen« bedeutet übrigens »Wald« und Herr Zhang möchte seine Gäste damit in seinem Wald der Aromen willkommen heißen. Also geh mit ihm auf Entdeckungstour zu den vielen unterschiedlichen Geschmacks-Nuancen!

Probiere unbedingt die Aubergine, denn die Mischung aus scharfen und süßlichen Noten ist genial. Dazu Stangenbohnen mit Sesam, Knoblauch und Chili oder die faszinierende Vorspeise aus Brokkoliblättern, geräuchertem Tofu und Sesamöl. Zusammen mit einem der hausgemachten Drinks (zum Beispiel aus Yuzu-Saft und Minze) zeigt dir China bei diesem kulinarische Ausflug seine luxuriöse Seite.

LIEBLINGSGERICHT:
Aubergine, Ingwer, Koriander, Knoblauch

ATMOSPHÄRE:
Fine Dining

LIEFERUNG/ABHOLUNG:
Lieferung und Abholung möglich

ADRESSE:
Augustenstraße 7, 80333 München

München meets ⟶ China

Radieschen treffen auf Sojasoße. Die kleinen roten Knollen werden in München klassisch roh, als Salat oder einfach so zur Brotzeit, gegessen. In unserem Fusions-Gericht interpretieren wir Radieschen ganz neu – inspiriert vom Land der Mitte.

GEBRATENE RADIESCHEN MIT TOFU

ZUTATEN (2 PERSONEN):

- 1 Bund Radieschen
- 1 Zwiebel
- 1 Packung Tofu (natur oder geräuchert)
- Sojasoße
- Agavendicksaft
- Sesamöl
- 1 Tasse Reis

Reis nach Packungsbeilage zubereiten. Zwiebeln in feine Ringe schneiden und mit Sesamöl in der Pfanne anbraten. Nach ein paar Minuten die geviertelten Radieschen ebenso wie den gewürfelten Tofu dazugeben. Wenn alles etwas Farbe bekommen hat, mit ein bisschen Agavendicksaft karamellisieren lassen und anschließend mit Sojasoße ablöschen. Zusammen mit dem Reis servieren.

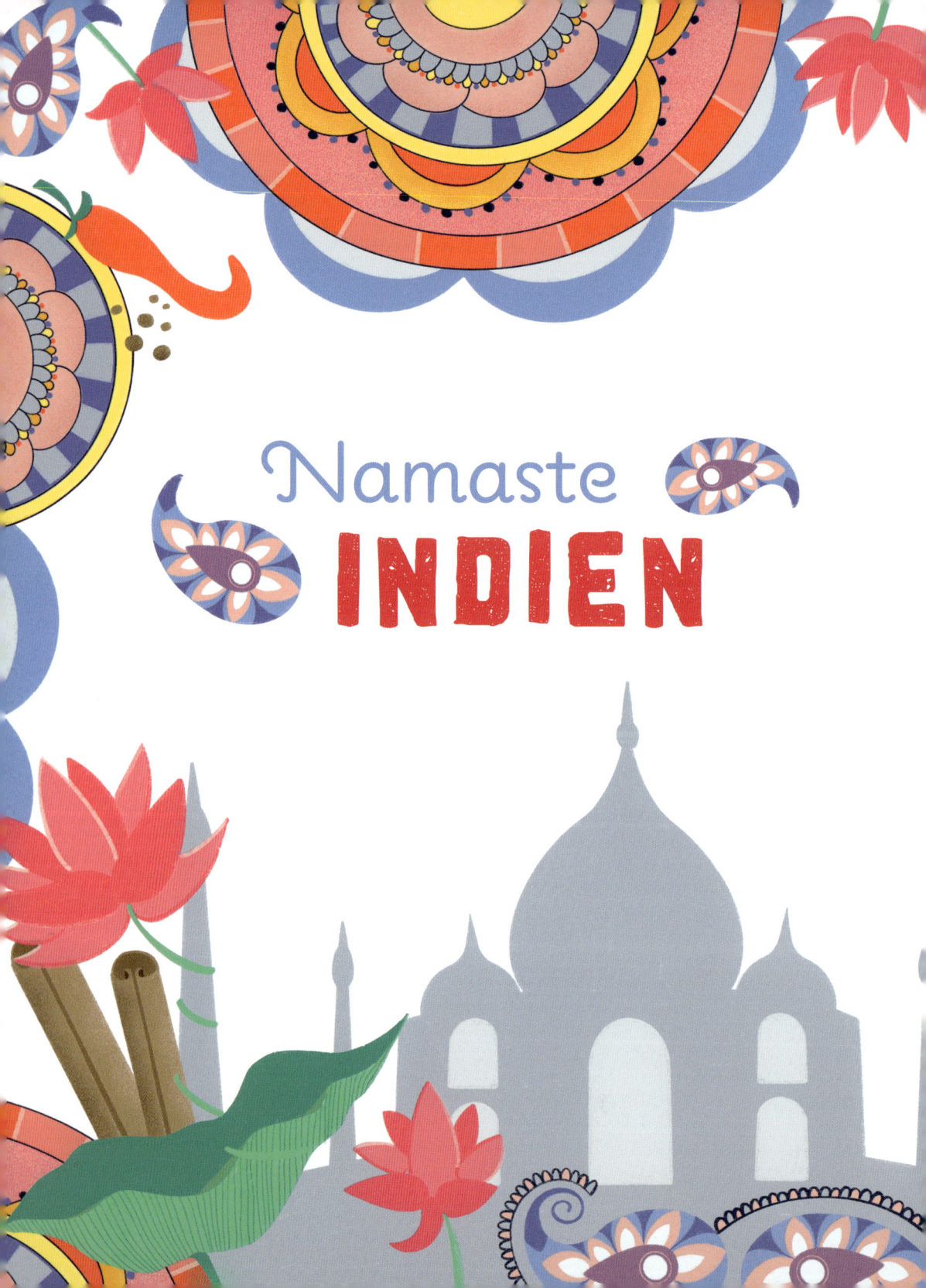

Indien ist das Land der exotischen Gewürze, der intensiven Gerüche und der knalligen Farben. Indien ist mal laut und wuselig, mal still und meditativ. Es ist mal arm und einfach, mal prunkvoll und luxuriös. Es ist mal traditionell und spirituell, mal modern und innovativ. Indien ist unendliche Wüste, karge Steppe und dichter Regenwald, es ist massives Gebirge, weitläufige Küste und tiefblaues Meer. Das Land Indien ist vielfältig, genauso wie seine Küche.

Im Norden wird viel Weizen und Mais angebaut, beides wird häufig zu flachen Broten wie Chapati, Roti, Poori oder Naan verarbeitet. Das Grundnahrungs-mittel im Süden ist hingegen Reis, der nicht nur in gekochter Form, sondern auch als Mehl zur Herstellung von Idli oder Dosa verwendet wird. Gewürze sind überall im Land essenziell, nicht nur zum Verfeinern von Speisen, sondern auch wegen ihrer unterschiedlichen Wirkung auf den Körper. Doch während du wahrscheinlich gerade einmal mit Muskat, Chili oder Kreuz-kümmel vertraut bist, verwenden die Inder noch ganz andere Würzstoffe. Oder kennst du zum Beispiel Koriandersamen, Asafoetida (aus der Pflanze Asant gewonnenes Harz, auch bekannt als Teufelsdreck) oder Amchoor (ein hellgelbes Pulver aus getrockneten grünen Mangos)? Oder wusstest du, dass das beliebte Curry kein eigenständiges Gewürz ist, sondern eine Mischung aus bis zu 21 verschiedenen Gewürzen (unter anderem Chili, Ingwer, Kardamom, Koriander, Kreuzkümmel, Kurkuma, Nelken, schwarzem Pfeffer und Zimt)?

Du merkst, es gibt viel zu entdecken und zu erschmecken. Also lass uns eintauchen, in die Fülle der indischen Köstlichkeiten, die München zu bieten hat!

DHABA
Herzogstraße 1b

ROYAL INDIA
Westendstraße 117

SITAR
Robert-Koch-Straße 4

Buntes Treiben am Schwabinger Bach – das wuselige Indien lässt grüßen.

DHABA

Entspannte Atmosphäre gepaart mit indischer Gastfreundlichkeit

Dhaba sind vor mehr als 500 Jahren in Indien entstandene Imbiss- oder Straßenstände, die ihre lokalen Speisen meist an Reisende verkauft haben. Ganz passend also zu unserem Motto, auch wenn das Dhaba an der Münchner Freiheit nicht an einer stark befahrenen Schnellstraße, neben einer Tankstelle oder in einer belebten Gasse zu finden ist. Ganz im Gegenteil, wenn du die Tür zum Restaurant öffnest, umgibt dich eine angenehme Ruhe.

LIEBLINGSGERICHT:
Shahi Baingan

ATMOSPHÄRE:
Cozy Dining

LIEFERUNG/ABHOLUNG:
Lieferung und Abholung möglich

ADRESSE:
Herzogstraße 1b, 80803 München

Dennoch sind die indischen Elemente überall: farbige Wände, große Wandreliefs aus Sandstein und Holz oder die geschwungenen Lampen. Das vielfältige Essen tut sein Übriges, um dich für ein paar Stunden in das exotische Indien zu entführen. Lass dir die Samosas mit der feinen Kartoffelfüllung auf der Zunge zergehen oder genieße das knackige Papadam mit den intensiven, leicht scharfen Dips. Die Auberginen mit hausgemachtem indischen Käse und einer Mandelsoße sind besonders cremig und gut gewürzt und zeigen dir völlig neue Geschmackskombinationen.

Das Dhaba verwöhnt dich mit typisch indischen Gerichten in exzellenter Qualität, denn die Köche beherrschen die indische Kochkunst und wissen, wie man Gewürze nicht nur optisch und geschmacklich sondern auch entsprechend ihrer Wirkung verarbeitet. Dir steht also ein aufregender Ausflug nach Indien bevor und wir wünschen viel Freude beim Entdecken.

ROYAL INDIA

**Authentische Küche abseits des
Mainstreams**

Im Royal India finden sich viele traditionelle indische Elemente, es ist bunt, aber nicht überladen und die Atmosphäre ist entspannt – rot- und pinkfarbene Wände treffen auf indische Ornamente oder kleine Figuren.

Das Wichtigste aber: Das Essen schmeckt so vielfältig und facettenreich wie das Land Indien ist. Und das ein oder andere Gericht findet man nicht auf jeder Speisekarte indischer Restaurants, so zum Beispiel ein intensives, vegetarisches Curry mit Soya-Nuggets. Auch die südindischen Einflüsse sind alles andere als selbstverständlich. Außerdem gibt es auf der Speisekarte eine Vielzahl an unterschiedlichen Biryanis (gebratener Basmatireis mit Gemüse, Huhn oder Riesengarnelen), im Tandoori-Ofen gegrillte Spezialitäten mit indischen Gewürzen mariniert und natürlich Klassiker wie Palak Paneer (Spinat mit indischem Käse) und Dal Makhani (schwarze Linsen). Für ein Dessert der etwas anderen Art solltest du unbedingt Gajar Halwa probieren. Der warme, süße Pudding besteht vor allem aus geriebenen Karotten und Mandeln. Übrigens: Manchmal gibt es auch Gerichte, die nicht auf der Speisekarte stehen, Extrawünsche werden liebend gerne umgesetzt.

Begib dich auf eine kulinarische Reise ins ferne Indien mitten in München! Wie wäre es, wenn du dabei immer mal wieder deine Augen schließt und versuchst, zu erahnen, welche Geschmacksnoten du in den vielfältigen Gerichten erkennen kannst?

LIEBLINGSGERICHT:
Dal Makhani

ATMOSPHÄRE:
Cozy Dining

LIEFERUNG/ABHOLUNG:
Lieferung und Abholung möglich

ADRESSE:
Westendstraße 117, 80339 München

SITAR

**Speisen zwischen indischen
Kunstwerken und Statuen**

Die Sitar, eine gezupfte Langhalslaute, ist eigentlich ein nordindisches Musikinstrument und so präsentiert sich das Restaurant im Lehel passend zu seinem Namen traditionell indisch: Bunte, glitzernde Bilder hängen an den Wänden, sanfte Klänge ertönen im Hintergrund und die Räumlichkeiten sind in dunklen Holztönen, Rot und Beige gehalten.

Der hausgemachte originelle Käse mit verschiedenen würzige Soßen, das fluffige Naan-Brot oder eines der scharfen Currys – alles schmeckt köstlich. Die verschieden Brotspezialitäten wie Naan, Roti oder Prantha werden traditionell im Holzkohle-Lehmofen zubereitet und sind eine vorzügliche Beilage. Das Vollkornbrot Prantha gibt es im Sitra übrigens mit Minze oder frischem Gemüse gefüllt – typisches indisches Streetfood, das du dort mit unterschiedlichsten Füllungen an fast jeder Straßenecke findest.

Und wenn du dich zwischen den vielen leckeren Speisen nicht entscheiden kannst, mach es wie die Inder und bestelle dir ein Thali. Traditionell werden bei einem Thali viele verschiedene Gerichte in kleineren Metallschüsseln auf einem Tablett serviert, dazu gibt es Reis und Fladenbrot. Natürlich wird auch bei

LIEBLINGSGERICHT:
Palak Paneer

ATMOSPHÄRE:
Cozy Dining

LIEFERUNG/ABHOLUNG:
Lieferung und Abholung möglich

ADRESSE:
Robert-Koch-Straße 4,
80538 München

der Zusammenstellung des Thalis ganz klassisch Wert auf Konsistenz und Geschmack sowie Ausgewogenheit gelegt: So gibt es milde und scharfe Speisen, Rohes und Gekochtes, kalte und warme Gerichte. Bringe also am besten etwas Zeit mit für diesen Stopp deiner kulinarischen Reise, um dich auf die vielen Köstlichkeiten einzulassen und alles zu probieren.

München meets $\longrightarrow$ Indien

Rote Bete trifft auf Reis. Rote Bete ist ein typisch deutsches Wintergemüse, lässt sich aber hervorragend mit indischen Gewürzen zubereiten und dich in wärmere (indische) Gefilde träumen.

ROTE-BETE-CURRY

**ZUTATEN
(2 PERSONEN):**

Pesto:

- ◆ 250 g frische Rote Bete
- ◆ 1 kleine Zwiebel
- ◆ 2 Knoblauchzehen
- ◆ 1 cm frischer Ingwer
- ◆ 2 handvoll Spinat
- ◆ 200 ml Kokosmilch
- ◆ Gewürze wie Koriander, Kreuzkümmel, gelbe Senfkörner, Kurkuma, Chili
- ◆ 1 Tasse Reis

Klein geschnittene Zwiebel, Knoblauch und einen halben Teelöffel Senfkörner in einer Pfanne anbraten. Nach ein paar Minuten von den anderen Gewürzen ebenfalls jeweils einen halben Teelöffel hinzugeben, umrühren und anschließend die geschälte sowie gewürfelte Rote Bete dazu geben. 5 Minuten anbraten, mit Kokosmilch auffüllen und zugedeckt, unter gelegentlichem Umrühren, köcheln lassen. Währenddessen den Reis nach Packungsanleitung zubereiten. Nach ca. 25 Minuten, sobald die Rote Bete weich ist, den gewaschenen Spinat dazugeben und nach einigen Minuten servieren.

Salam
AFGHANISTAN

Bereite dir am besten eine traditionelle Tasse afghanischen Chai Tee zu, lehne dich zurück und lasse dich von der Vielfalt Afghanistans verzaubern. Wunderschön verzierte Moscheen mit filigranen und bunt bemalten Mustern treffen auf quirlige Basare. Karge Landschaften überraschen mit atemberaubenden, tiefblauen Seen. Wohingegen das Panjshir Valley idyllisch gesäumt von massiven Bergen liegt: Kleine Dörfer mit Häusern aus Lehmziegeln schmiegen sich in die Landschaft, dazwischen satte grüne Felder und Bäume.

Die einfache, ursprüngliche Lebensweise ist überall deutlich spürbar. Leider trägt die unruhige politische Situation dazu bei, dass viele Gebäude zerstört sind und Zukunftsängste den Alltag der Bevölkerung prägen. Nichtsdestotrotz sind Afghaninnen und Afghanen für ihre Gastfreundschaft sowie ihre freundliche, großzügige Art bekannt und die afghanische Küche vereint die Geschichte des Landes in ihren köstlichen Gerichten.

Denn kulinarische Einflüsse aus Persien, Pakistan, Indien, China und der Mongolei sind in Afghanistan deutlich spürbar. Es locken verführerische Düfte und herrliche Aromen – angefangen von Kardamom, Kreuzkümmel und Koriander bis hin zu Dill, Minze oder Safran. Brot aus dem traditionellen Backofen Tandoor und Reis sind wichtige Bestandteile und werden gerne mit Paprika, Tomaten, Okraschoten oder roten Linsen gegessen, häufig zusammen mit Rind oder Lamm. Afghanische Mahlzeiten sind üppig und vielseitig. Traditionell werden sie gemeinsam zubereitet und gemeinsam eingenommen, meist auf Sitzkissen auf dem Boden. Dabei werden viele verschiedene Gerichte auf großen Platten angerichtet, von denen sich alle bedienen.

Die bunten Farben Afghanistans kannst du in München zum Beispiel an manchen farbenfroh geschmückten Maibäumen nachempfinden oder du gestaltest dein nächstes Picknick ein bisschen anders, mit orientalischen Sitzkissen und einer Decke in der Mitte, auf der du vielerlei Köstlichkeiten ausbreitest. Dazu Musik mit der traditionellen Tabla-Trommel oder dem Robab, einem Saiteninstrument. Ganz bestimmt nehmen dich auch unsere afghanischen Restaurantvorschläge mit auf eine kulinarische Reise in das wunderbare Land an der Seidenstraße.

LEMAR
Viktor-Scheffel-Straße 23

CHOPAN
Rosenheimer Straße 8

RUMI
Dianastraße 1

Ein bunter bayerischer Mai-
baum erinnert an das farbenfrohe Afghanistan.

LEMAR

Exotische Köstlichkeiten im fernöstlichen Ambiente

Seit 2001 nimmt das Lemar Restaurant mit seinen Filialen in München seine Gäste mit in fernöstliche Sphären. Die orientalischen Lampen, die detailverliebte, geschmackvolle Dekoration im Gastraum und besonders der hintere Bereich mit niedrigen Tischchen und Liegen sowie reichlich verzierten Tüchern bezaubern. Gemeinsam mit den facettenreichen Gerichten lässt dich das Lemar in Schwabing für ein paar Stunden in eine fremde, exotische Welt eintauchen.

Gekocht wird nach originalen Familienrezepten aus der Heimat und nicht nur die selbstgemachten Chutneys sind ein Gedicht. Am besten du startest mit einer gemischten Vorspeisenplatte, um möglichst viele unterschiedliche Köstlichkeiten zu probieren. Diese umfasst gefüllte Teigtaschen mit würziger Joghurtsoße oder Aubergine und Kartoffel in Gewürzteig gebacken – ganz neue Geschmackserlebnisse.

Das traditionelle, fluffige Naan mit Sesam und Schwarzkümmel sollte bei deiner weiteren Bestellung ebenso wenig fehlen wie Palau. Dieses Reisgericht gibt es in verschiedensten Varianten, zum Beispiel mit Rosinen, Pistazien und Karottenstreifen, Spinat oder Safran und

LIEBLINGSGERICHT:
Ferni

ATMOSPHÄRE:
Fine Dining

LIEFERUNG/ABHOLUNG:
Lieferung und Abholung möglich

ADRESSE:
Viktor-Scheffel-Straße 23,
80803 München

Bitterorangenschale. Dazu werden Auberginen in einer pikanten Soße oder Kartoffeln serviert.

Wenn du dann noch Platz für eine Nachspeise hast, solltest du unbedingt Ferni probieren. Dieses afghanische Creme-Dessert wird normalerweise nur an Feiertagen gegessen, da die Zubereitung relativ aufwändig ist. Mandeln, Pistazien und Kardamom verleihen dem afghanischen Pudding eine exotische Note und so ist Ferni der perfekte leichte Abschluss für deinen Ausflug nach Afghanistan.

CHOPAN

**Afghanische Tradition in
München seit 1994**

Wenn du die Tür zum Chopan öffnest, ist es, als tauchst du in ein Märchenbuch von 1001 Nacht ein. Wände in Braun- und Goldtönen, kunstvolle Holzverzierungen oder orientalische Kacheln und Lampen, die eine gemütliche, warme Atmosphäre schaffen – hier ist alles aufeinander abgestimmt und fügt sich zu einem harmonischen Gesamtkunstwerk.

Der Besitzer selbst so wie die meisten der Angestellten kommen aus Afghanistan und haben damit einen direkten Bezug zu diesem besonderen Land. So vielfältig Afghanistan mit seinen zahlreichen Ethnien ist, so vielfältig ist auch die afghanische Küche und das merkst du im Chopan sofort. Das Borani Kadoo wird nach einem alten Familienrezept zubereitet.

Dieser geschmorte Kürbis mit Tomaten-Safran-Soße und cremigem Quark eröffnet ganz neue Geschmackserlebnisse. Genauso wie das süßliche und zugleich

LIEBLINGSGERICHT:

Borani Kadoo

ATMOSPHÄRE:

Fine Dining

LIEFERUNG/ABHOLUNG:

Lieferung und Abholung möglich

ADRESSE:

Rosenheimer Straße 8,
81669 München

würzige Safran Tschalau bidune Gosht. Zu gebackenem Basmatireis wird hier eine pikante Linsen-Safran-Soße mit getrockneten Pflaumen (Alu Bukhara) und Rhabarber gereicht. Abenteuerlich, oder?

»Chopan« bedeutet übrigens »Hirte« und vielleicht fühlst du dich ja auch bei deiner kulinarischen Reise ein bisschen wie ein Hirte, wenn du von Restaurant zu Restaurant ziehst.

LIEBLINGSGERICHT:
Bolani

ATMOSPHÄRE:
Fine Dining

LIEFERUNG/ABHOLUNG:
Abholung möglich

ADRESSE:
Dianastraße 1, 80538 München

RUMI

Ein Stückchen Afghanistan mitten im Lehel

Das Rumi ist schlicht und modern, mit dezenten afghanischen Elementen eingerichtet – ein bunt verzierter Raumtrenner, besondere orientalische Lampen, detailreich verzierte Kissen. Neben verschiedenen, meist vegetarischen, Vorspeisen gibt es Spezialitäten vom Lavastein-Grill und Palau (Reis) mit zahlreichen Soßen und traditionellen Beilagen.

Besonders köstlich ist die Vorspeise Bolani – eine afghanische Teigtasche, die eher an ein gefülltes Fladenbrot erinnert und eine leichte Kruste hat, da es vor dem Servieren frittiert wird. Zu den traditionellen Füllungen gehören in Afghanistan Kartoffeln, Lauch, Linsen, Kürbis oder Hackfleisch. Das Rumi hat sich auf die vegetarische Variante mit Porree spezialisiert und serviert diese mit einer cremigen Kräuter-Quark-Soße. Der Salat mit Feigen, Mozzarella, Walnüssen, Granatapfelkernen und Rucola ist zwar an sich nicht unbedingt typisch afghanisch, vereint aber einige in Afghanistan heimische Zutaten und schmeckt unglaublich fruchtig-frisch. Und wer weitere kreative Besonderheiten ausprobieren möchte, sollte als Dessert das Rumi spezial probieren. Das Blätterteiggebäck mit Rosinen, Mandeln, Pinienkernen und Kardamom ist der ideale süße Abschluss deines kulinarischen Kurztrips nach Afghanistan.

Ach ja, benannt ist das Rumi übrigens nach dem Dichter und Mystiker Maulana Dschellaleddin Rumi, der bekannt dafür war, zwischen Christen, Juden und Muslimen zu vermitteln. Genauso wie er baut auch das Rumi Brücken, Brücken zwischen München und Afghanistan.

München meets $\longrightarrow$ Afghanistan

Erdbeeren treffen auf Pistazien. Das grüne Gold Afghanistans gibt dem Pudding in diesem Rezept gemeinsam mit Kardamom und Mandeln eine exotische Note. Die fruchtigen heimischen Erdbeeren ergänzen das Dessert perfekt, sodass München und Afghanistan eine leckere Symbiose bilden.

FERNI MIT ERDBEEREN

**ZUTATEN
(2 PERSONEN):**

- 500 ml Milch
- 40 g Speisestärke
- 2 EL Zucker
- 1 TL Kardamom
- 125 g Mandelstifte
- 15 g Pistazien, gehackt
- 250 g Erdbeeren

Bringe die Milch auf dem Herd zum Kochen. Nimm anschließend den Topf von der heißen Platte und rühre mit einem Schneebesen die Speisestärke unter. Nun die Masse unter ständigem Rühren erneut aufkochen lassen und dabei den Zucker unterrühren. Anschließend den Pudding ca. 15 Minuten bei geringer Hitze köcheln lassen, zwischendurch immer wieder umrühren und zuletzt den Kardamom, Mandelstifte und Pistazien hinzugeben. Das Ganze in zwei Schälchen füllen und am besten im Kühlschrank abkühlen lassen. Währenddessen die Erdbeeren waschen und vierteln. Diese werden zum abgekühlten Pudding serviert.

Gamardschoba
GEORGIEN

Die Natur Georgiens ist unglaublich vielseitig und das obwohl das Land von seiner Fläche her nur fast so groß wie Bayern ist. Du kannst hier in beeindruckenden Bergregionen höhere Berge als die Alpen erklimmen, durch dichte Wälder wandern, die weite, karge Steppe bereisen oder am Schwarzen Meer entspannen. Georgien hat sich an vielen Stellen seine Ursprünglichkeit bewahrt und neben der atemberaubenden Landschaft sind es vor allem die herzliche, warme Art und die Gastfreundschaft der Bevölkerung, die das Land zu etwas ganz Besonderem machen.

Doch nicht nur das, auch die Küche ist ein absolutes Highlight. Sie ist zwar sehr deftig, doch neben dem sahnigen, leicht salzigen Käse gehören Walnüsse ebenso wie die säuerlichen Granatapfelkerne und frische, duftende Kräuter zu fast jeder Mahlzeit dazu.

Was haben Georgien und München gemeinsam? Genau, die Berge um die Ecke, das Wasser in der Nähe und die Leidenschaft für gutes Essen. Viele georgische Restaurants gibt es in der Landeshauptstadt nicht, doch der Besuch lohnt sich. Rund um die Blutenburg in Obermenzing kannst du dich ein bisschen wie im ursprünglichen Georgien fühlen und dir vorstellen, wie du von deiner Wohnung mit einer Marschrutka von Restaurant zu Restaurant bis hinaus zur Blutenburg fährst. Diese Minibusse sind ein typisches Fortbewegungsmittel in Georgien. Dabei wartet man übrigens für gewöhnlich so lange, bis alle Plätze in der Marschrutka belegt sind, erst dann geht die Fahrt los. Solltest du also irgendwann mal im Münchner Feierabendverkehr feststecken oder auf die verspätete U-Bahn warten, erinnere dich an diese etwas unplanbare Form der Fortbewegung und sieh alles mit etwas mehr Gelassenheit.

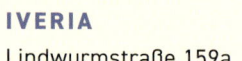

IVERIA
Lindwurmstraße 159a

ROYAL HEALTHY SLICES
Hohenzollernplatz 4

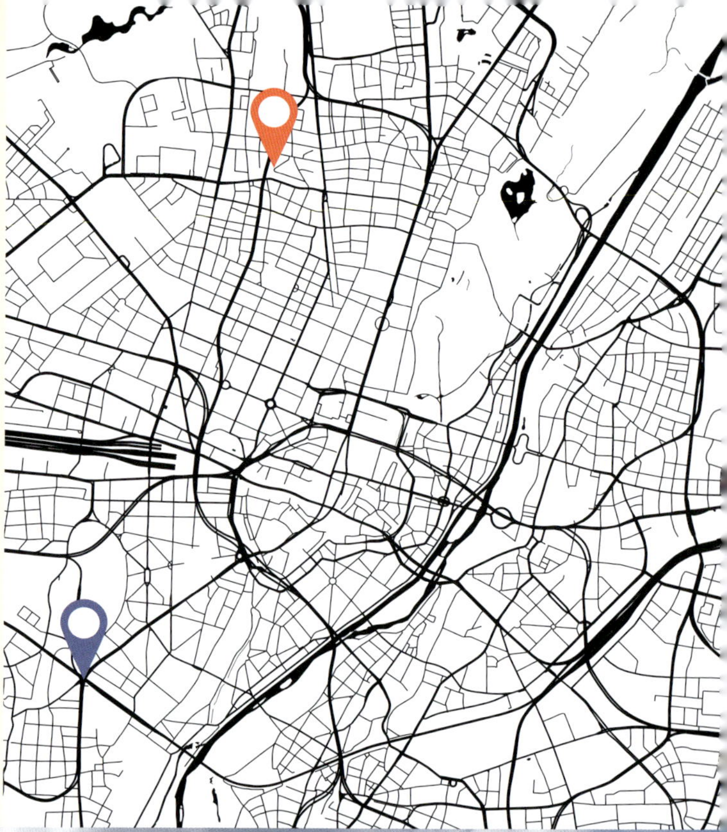

Idyllisches Natur-Feeling wie in Georgien gibt es rund um die Blutenburg.

IVERIA

Georgische Tradition mitten in München

Im Iveria kocht die Besitzerin Irma Bourntoulis persönlich und die Speisekarte bietet alles, was man sich für einen georgischen Abend wünschen kann: verschiedene aromatische Pasten (Mchali) mit Spinat, Rote Bete oder Lauch, gefüllte Auberginen mit Walnusspaste (Badridschani), verschiedenste luftige Teigfladen mit Käse sowie herzhaftes Lobio (ein georgischer, vegetarischer Bohneneintopf). Auch die aromatischen Chinkali, mit Kartoffeln, Pilzen oder Fleisch gefüllte Teigtaschen, die ein bisschen wie Pilze aussehen und ursprünglich aus dem georgischen Hochgebirge stammen, kannst du im Iveria probieren. Das Iveria vereint also die bekanntesten georgischen Gerichte auf seiner Speisekarte – was willst du mehr?

Auch wenn das Iveria, direkt am KVR, etwas unscheinbar aussieht, innen drinnen hast du die hektische Umgebung schnell vergessen. Die rot-weiße Dekoration im Kaukasus-Stil sowie Bilder heimischer Künstler holen Georgien nach München und bilden einen wunderbaren Rahmen für deinen Kurztrip in dieses wunderbare Land.

LIEBLINGSGERICHT:
Badridschani

ATMOSPHÄRE:
Cozy Dining

LIEFERUNG/ABHOLUNG:
Lieferung und Abholung möglich

ADRESSE:
Lindwurmstraße 159a,
80337 München

Ein Glas georgischer Wein, der in einem typischen Gefäß aus gebranntem Ton (genannt Qvevri) gereift ist, rundet deine kulinarische Reise ab. Denn auch hier kann Georgien überraschen: Der Weinanbau hat eine fast 7000-jährige Tradition, es gibt mehr als 500 endemische uralte Rebsorten und die Weine werden größtenteils handverlesen.

ROYAL HEALTHY SLICES

Straßenimbiss mit Liebe zum Detail

Beim Royal Healthy Slices gibt es das Essen auf die Hand, zum Mitnehmen nach Hause oder zum gleich Essen am Hohenzollernplatz – eine große Portion Herzlichkeit und ein nettes Gespräch inklusive. Aus dem winzigen Laden duftet es immer nach frisch gebackenem Brot, herben Kräutern, Knoblauch und Zwiebeln. Und während Herakles oder seine Schwester voller Begeisterung die Feinheiten und Raffinessen der angebotenen Speisen erläutern, Tipps geben, wie diese am besten gegessen werden, oder ein paar Anekdoten aus ihrem Heimatland erzählen, kannst du durch das Bestellfenster ihrer Mutter beim Kochen zusehen.

Besonders wohlschmeckend sind die Adjaruli, ein fluffiger Teig, der traditionell wie eine Schüssel mit cremigem Käse gefüllt wird. Je nach Region kommt außerdem ein Spiegelei, ein Klecks Butter oder Kartoffelpüree obendrauf. Das Ganze wird ausgelöffelt und zum Schluss das Brot verspeist. Probieren solltest du aber auch die Spanakopita, ebenso leckerer Teig mit Spinat und Feta gefüllt, und auch der georgische Bohneneintopf Lobiani ist es definitiv wert, probiert zu

werden. Am besten du kommst einfach öfters vorbei, um dich durch alle Köstlichkeiten zu futtern – denn was spricht schließlich gegen einen mehrfachen Stopp in Georgien bei deiner kulinarischen Weltreise?

Außerdem gibt es neben den georgischen im Royal Healthy Slices zusätzlich ein paar kretische Spezialitäten und auch die hausgemachten Nachspeisen sowie die (meist veganen) Kuchen sind ein Gedicht. Das macht die Auswahl natürlich noch schwerer. In diesem Sinne: viel Spaß beim Durchprobieren und genießen.

LIEBLINGSGERICHT:

Kachapuri

ATMOSPHÄRE:

Streetfood

LIEFERUNG/ABHOLUNG:

Abholung möglich

ADRESSE:

Hohenzollernplatz 4,
80796 München

München meets ⟶ Georgien

Kürbis trifft auf Spinat. In diesem Fusions-Gericht trifft die typisch georgische Paste mit Spinat auf Kürbis aus dem Ofen und zeigt einmal mehr: Gemüse ist alles andere als langweilig und München und Georgien passen hervorragend zusammen.

SPINAT-WALNUSS-PASTE MIT KÜRBISSPALTEN

ZUTATEN
(2 PERSONEN):

- 800 g frischer Spinat
- 200 g Walnüsse
- 5 Stängel Koriandergrün
- 1 Knoblauchzehe
- 1 Zwiebel
- ½ TL Bockshornklee gemahlen
- 1 Messerspitze Chili
- 1 Hokkaido Kürbis
- Olivenöl

Den Kürbis gut waschen und in dünne Spalten schneiden. Auf einem Backblech auslegen, mit Olivenöl beträufeln und bei 200 Grad im Ofen backen, bis der Kürbis weich und leicht gebräunt ist. Mit Salz und Pfeffer würzen.

Währenddessen den frischen Spinat blanchieren. Die Walnüsse pürieren, bis eine zähe Masse entsteht. Anschließend klein geschnitten Knoblauch und Zwiebel sowie die Gewürze dazugeben und nochmals pürieren. Den Spinat sowie das Koriandergrün hacken und mit der Walnussmasse vermengen. Am einfachsten geht das mit den Händen. Die Masse sollte eine sämige Konsistenz haben und kann bei Bedarf mit etwas Apfelessig oder Wasser gestreckt werden. Anschließend die Paste als Beilage zu den Kürbisspalten servieren.

Die märchenhafte Vulkanlandschaft Kappadokiens mit ihren Tuffsteinfelsen ist mindestens genauso aufregend wie ein Stopp in Istanbul – der Stadt, in der Orient und Okzident verschmelzen, in der Tradition und Moderne aufeinandertreffen. Neben den klassischen Badeorten an der türkischen Riviera lohnt außerdem ein Abstecher zu den schroffen Felsen der Lykischen Küste und zu idyllischen Bergseen in der Provinz Artin. Nicht zu vergessen die vielen kulturellen Stätten, kleinen ursprünglichen Dörfer oder die pulsierenden Städte.

Gleichzeitig ist der Boden unglaublich fruchtbar, an den Straßen und auf den Basaren werden die aromatischsten Orangen verkauft, es gibt tiefrote Granatäpfel oder süße Pfirsiche und die Liste könnte neben Okraschoten oder Taro um weitere unzählige Schätze erweitert werden.

Von dieser Vielfalt profitiert die türkische Küche und die Gerichte sind reich an frischen, lokalen Zutaten. Beim Essen geht es gesellig zu, so kommt abends meist die gesamte Familie zusammen und statt nur eines Gerichts wird eine Vielzahl an unterschiedlichen Köstlichkeiten zubereitet. Dann gibt es Mezes (Vorspeisen) wie verschiedene Joghurtsoßen, Zucchinipuffer oder knusprige Teigröllchen. Es gibt Salate mit Olivenöl und Zitronensaft mariniert, Fleisch oder Fisch mit Gemüse und Linsen, Reis oder Bulgur. Nicht zu vergessen: die Nachspeisen. Hier versüßen dir türkische Desserts wie die berühmten Blätterteigteilchen Baklawa oder ein traditioneller Zitronenkuchen aus Grießteig (Revani) den Abend.

Auch in München sind türkische Spezialitäten beliebt, allerdings eröffneten erst in den späten 1970er-Jahren die ersten türkischen Lokale. Deren Fokus liegt bis heute verstärkt auf Imbissbuden, während es teurere Restaurants nach wie vor schwer haben. Wenn du in München zusätzlich zu unseren Restaurant-vorschlägen mehr Türkei-Einflüsse erleben möchtest, empfehlen wir dir, einen der zahlreichen türkischen Supermärkte zu besuchen (zum Beispiel den Verdi Supermarkt in der Landwehrstraße) und dich von den vielen typischen Obst- und Gemüsesorten sowie all den anderen Spezialitäten verführen zu lassen.

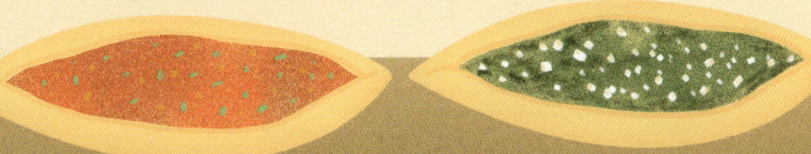

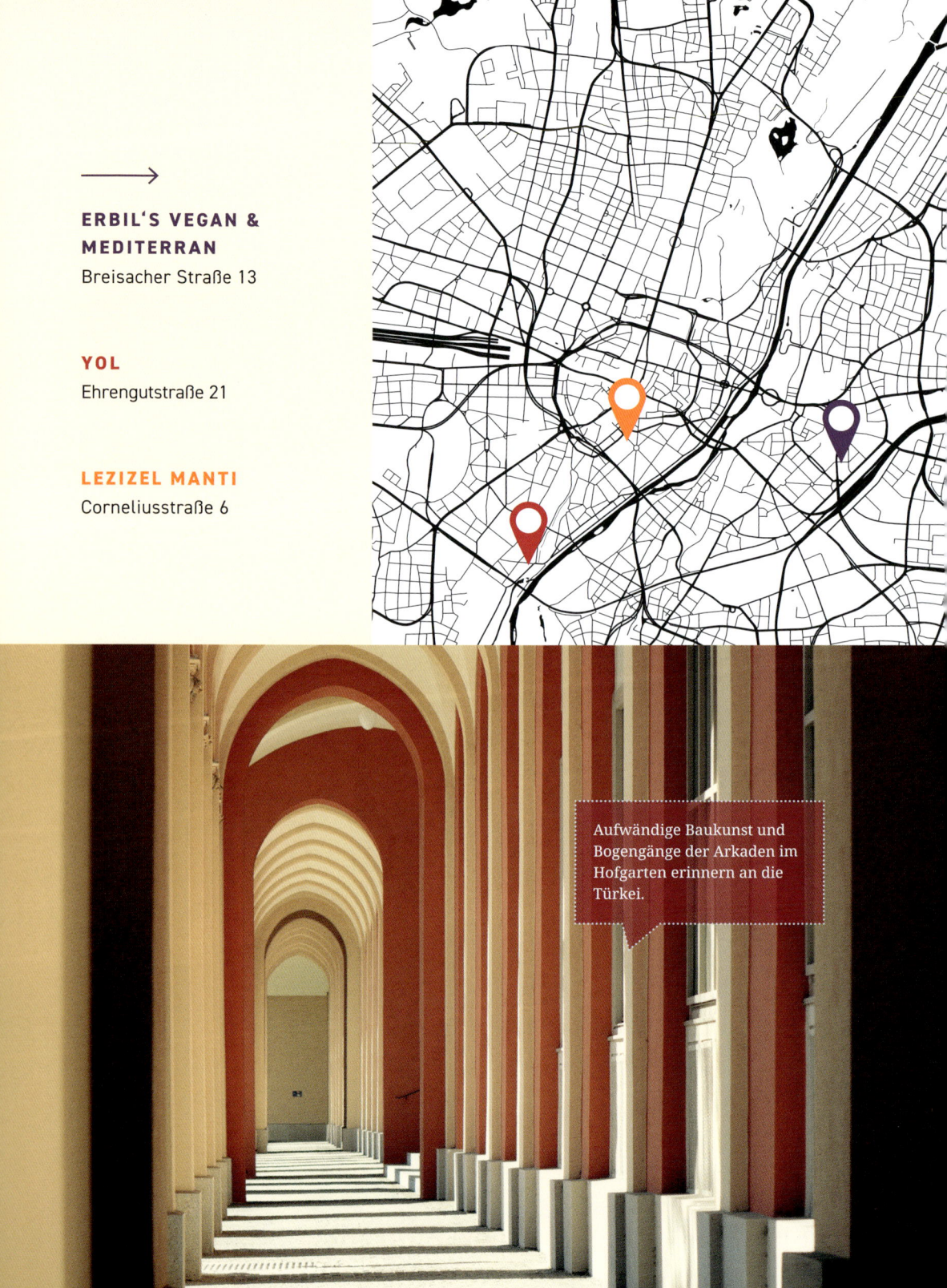

→

ERBIL'S VEGAN & MEDITERRAN
Breisacher Straße 13

YOL
Ehrengutstraße 21

LEZIZEL MANTI
Corneliusstraße 6

Aufwändige Baukunst und Bogengänge der Arkaden im Hofgarten erinnern an die Türkei.

ERBIL'S VEGAN & MEDITERRAN

Türkische Küche goes vegan

In der Türkei ist Döner Kebab kein Street-food-Gericht und wird traditionell nicht im Fladenbrot serviert. Stattdessen wird das Fleisch mit Reis und Salat auf einem Teller angerichtet. Bei Erbil's werden beide Versionen angeboten, allerdings nicht mit Fleisch, sondern ganz neu interpretiert: Denn türkische Klassiker wie Moussaka, Pide, Lahmacun, Döner und Co werden ausschließlich vegan zubereitet (selbst das hausgemachte Ayran wird mit pflanzlicher Milch angesetzt). Ja, das geht und ist zudem unglaublich lecker! Dabei gibt es aber nicht nur die typischen Falafel als Fleischersatz, sondern knusprigen Seitan in allen Variationen. Wusstest du, dass Seitan aus Weizeneiweiß hergestellt wird und in seiner Konsistenz tatsächlich etwas an Fleisch erinnert?

Auch die intensiven Soßen mit Kräutern, Ingwer-Kurkuma oder Rote Bete sind vegan und überzeugen genauso wie die große Auswahl an unterschiedlichen Vorspeisen. Egal ob gefüllte türkische Weinblätter, Bohnen- oder Bulgursalat, frischer Tomaten-Gurken-Salat, marinierte Artischocken oder gebackene Auberginen – die Auswahl ist riesig. Daher ist es umso besser, dass du einen gemischten Vorspeisenteller bestellen

LIEBLINGSGERICHT:
Seitan-Dürüm

ATMOSPHÄRE:
Cozy Dining

LIEFERUNG/ABHOLUNG:
Lieferung und Abholung möglich

ADRESSE:
Breisacher Straße 13,
81667 München

kannst, um möglichst viele der Meze aus eigener Herstellung zu probieren.

Das Restaurant ist ein bisschen wie ein großes Wohnzimmer mit bunt zusammengewürfelten, gemütlichen Möbeln. In der Mitte hängt ein riesiger Kronleuchter, im Raum verteilt stehen große, urige Holztische für ein geselliges Miteinander – ganz nach türkischer Tradition.

YOL

Türkische Taverne mit langer Tradition

Das Yol im Dreimühlenviertel ist eine wahre Institution und aus München gar nicht mehr wegzudenken. Egal ob drinnen in dem gemütlichen Gastraum mit der türkisfarbenen Holzvertäfelung oder draußen auf der Terrasse, umgeben von Bäumen und mit Blick auf den Roecklplatz: Die gemütliche Atmosphäre lädt zum Verweilen ein und aus einem schnellen Abendessen werden gerne mal ein paar Stunden.

Wirt Aydin Aslan serviert seinen Gästen gemeinsam mit seiner griechischen Ehefrau bodenständige türkische Gerichte mit einigen griechischen Einflüssen. Besonderer Fokus liegt auf Fisch- und Fleischgerichten, doch auch Vegetarier werden dank der vielfältigen Vorspeisen und Snacks auf jeden Fall statt. Feiner

LIEBLINGSGERICHT:

Peynirli Pide

ATMOSPHÄRE:

Cozy Dining

LIEFERUNG/ABHOLUNG:

Abholung möglich

ADRESSE:

Ehrengutstraße 21, 80469 München

Spinat mit Joghurtsoße, intensive Oliven, Sigara Böregi mit Käse und Petersilie gefüllt oder Pide mit Spinat und Feta sind Klassiker, mit denen du auf jeden Fall nichts falsch machen kannst.

Auf deiner kulinarische Reise durch München ist das Yol auf jeden Fall einen Abstecher wert und kombiniert urige, bayerische Gemütlichkeit mit türkischer Tradition.

LEZIZEL MANTI

Speisen wie ein Sultan mit türkischen Teigtaschen

Während Dumplings im asiatischen Raum oder Tortellini, Maultaschen und Co bei uns wie selbstverständlich auf vielen Speisekarten stehen, ist das türkische Pendant, die Manti, bei uns nahezu unbekannt. Dabei sind die feinen Teigtaschen seit Jahrhunderten beliebt und waren vor allem bei Sultanen in der Türkei sehr begehrt. Da sie relativ aufwändig zuzubereiten sind, werden sie heute in der Türkei vor allem bei Festen und Feierlichkeiten serviert.

Mit ihrem Lokal wollten die Brüder Ugur und Oguz die Manti bei uns in Deutschland groß rausbringen. Seit 2014 die erste Filiale eröffnet wurde, hat sich einiges

getan und mittlerweile gibt es mehr als sieben Dependancen in München, Regensburg oder Köln sowie einen Onlineshop. Zubereitet werden die Manti, inspiriert von Mamas Kochkünsten, nach einem überlieferten Familienrezept. Und das sind doch immer die besten Rezepte, denn die Manti von Ugur und Oguz zergehen wahrlich auf der Zunge.

Bei deiner Bestellung wählst du zunächst die Basis – klassische Manti mit Rind oder mit veganer Kartoffelfüllung – dazu hausgemachte Tomatensoße, jede Menge Joghurt und eine heiße Butter-Paprika-Soße (alles auch vegan möglich). Anschließend wird mit verschiedenen Toppings abgerundet: Da gibt es Spinat, Hirtenkäse, Oliven, Walnüsse oder Trüffelcreme (um nur ein paar der vielen köstlichen Optionen zu nennen). Als Beilage noch unglaublich würziges Tursu (eingelegtes Gemüse nach türkischer Art) und deine kulinarische Weltreise wird zu einer wahren Geschmacksexplosion.

Das Lezizel Manti in der Corneliusstraße hat nur wenige Sitzplätze, aber die Manti lassen sich auch prima mitnehmen und am Gärtnerplatz, an der Isar oder daheim auf dem Sofa genießen. Also mach dich bereit für ein türkisches Essen der anderen Art und überzeuge dich selbst von den liebevoll zubereiteten Speisen!

LIEBLINGSGERICHT:
Vegetarische Manti mit Spinat, Hirtenkäse und Chili

ATMOSPHÄRE:
Streetfood

LIEFERUNG/ABHOLUNG:
Lieferung und Abholung möglich

ADRESSE:
Corneliusstraße 6, 80469 München

Mit Ugur und Oguz Örgün vom Lezizel Manti

Was ist die Geschichte zu eurem Restaurant?

Mein Bruder Oguz und ich haben in München ein Angebot an traditioneller türkischer Küche vermisst. Wir wollten schon immer gemeinsam etwas auf die Beine stellen. Auf die Idee, Manti zu produzieren und zu vermarkten kamen wir zufällig, als wir Lust auf Manti hatten. Es gab kein fertiges Gericht in Restaurants und die wenigen in Supermärkten erhältlichen Manti entsprachen nicht unseren Qualitätsvorstellungen und unserem Geschmack.

Wir gründeten Lezizel zunächst mit der Idee, unsere Manti im Großhandel zu vertreiben. Durch einen Zufall haben wir den ersten Laden mit viel Liebe zum Detail und viel Herzblut aufgebaut. Mit einer gewissen Zukunftsorientierung haben wir das Konzept so erarbeitet, dass eine Skalierung ohne großen Aufwand möglich sein sollte. Unser Laden hatte bereits bei der Eröffnung und in den darauffolgenden Wochen so viel Zulauf und hat für so viel Begeisterung gesorgt, dass wir uns entschieden, unser Konzept auf der gastronomischen Schiene weiterzu-

führen. Die Erschließung des Groß- und Einzelhandels gehen wir wahrscheinlich innerhalb der nächsten zwei Jahre an.

Inzwischen betreiben wir gemeinsam mit unseren Franchise-Nehmern mehr als sieben Filialen. Wir haben immer viel Wert auf Authentizität und Qualität gelegt. Obwohl unsere Restaurants einen gewissen orientalischen Charme ausstrahlen, haben wir die Moderne und die Integration des deutschen Geschmacks nicht aus dem Fokus verloren.

Welchen Bezug habt ihr zur Türkei?

Unsere Eltern sind in der Türkei aufgewachsen. Sie kamen nach Deutschland im Rahmen der Familienzusammenführung, da unser Opa Gastarbeiter war. Da unsere Eltern die deutsche Kultur und die Sprache damals noch nicht so gut kannten beziehungsweise beherrschten, wuchsen wir recht traditionell auf. Mit Eintritt in die Schule hatten wir die Möglichkeit, mit zwei Kulturen aufzuwachsen. Wir hatten auch das Glück, dass unsere Eltern immer sehr aufge-

»Heimat ist dort, wo man lebt, Freunde hat und satt wird.«

schlossen waren. Die Türkei ist für uns nach wie vor die Identifikationsquelle. Die Familie dort und das Land sehen wir allerdings nur ein- bis zweimal im Jahr. Auch wenn wir viel auf der Welt und in verschiedenste Länder gereist sind, zieht es uns immer wieder in die Türkei.

Welches Gericht drückt Heimat für euch aus?
An erster Stelle natürlich Manti. Gefolgt von Linsensuppe, Kuttelsuppe, Auberginenauflauf und ganz vieles mehr. Vor allem die vegane Küche der Türkei ist sehr lecker und ausgeprägt.

Was bedeutet für euch Heimat?
Heimat ist dort, wo man lebt, Freunde hat und satt wird. Für uns ist Deutschland die Heimat. Dennoch schlagen sozusagen zwei Herzen in uns. Falls wir irgendwann in die Türkei ziehen sollten, müssten wir uns, ausgenommen von der Sprache, neu integrieren. Vor allem kulinarisch sind wir als Türken mit der reichen Küche sehr verwöhnt. Diesen Teil unserer Wurzeln werden wir wahrscheinlich nie verlieren. Das war auch

ein Antrieb für das Lezizel-Konzept. Wir möchten zumindest einen kleinen Teil des kulinarischen Erbes und der bekannten Gastfreundschaft an die nächsten Generationen weitergeben. Dabei geht es nicht um Heimat an sich, sondern darum, dass Beste aus zwei Kulturen zu vereinen.

Was bedeutet für euch Reisen?
Reisen inspiriert, öffnet den Blick für neue Perspektiven und ist irgendwie immer etwas Aufregendes. Das Kennenlernen von neuen Menschen, neuen Geschmäckern und neuen Kulturen möchten wir nicht (wieder) missen.

Was verbindet ihr mit München?
München ist ein großes Dorf mit Herz. München ist unsere Heimat und hier fühlen wir uns wohl. Touristen haben bestimmt mehr gesehen als wir. Bei München fällt uns ein: die Biergärten, der Gärtnerplatz und das Glockenbachviertel, die Isar, der Englische Garten, das Univiertel und der Olympiapark.

München meets ⟶ Türkei

Breze trifft auf Aubergine. Die Aubergine ist das beliebteste Gemüse der Türkei und wurde durch einen Türken in den 1970er-Jahren in München bekannt. Was passt also besser als diese bayerisch-türkische Vorspeise, um dir das mediterrane Lebensgefühl nach Hause zu holen?

AUBERGINENPÜREE AUF BREZENHÄPPCHEN

ZUTATEN (2 PERSONEN):

- 1 Aubergine
- 1 Becher Joghurt
- 1 Knoblauchzehe
- 1 EL Zitronensaft
- 1 EL Olivenöl
- Salz und Pfeffer
- 2–3 Brezen

Die Aubergine mehrmals mit einer Gabel einstechen und auf dem Grill oder im Ofen bei 180 Grad ca. 1 Stunde backen. Knoblauch schälen und fein hacken. Sobald die Aubergine weich ist, leicht auskühlen lassen. Anschließend häuten und fein zerkleinern. Zu dem daraus entstandenen Püree den Joghurt, den gehackten Knoblauch sowie Zitronensaft und Olivenöl geben und gut verrühren, bis eine homogene Creme entsteht. Mit Salz und Pfeffer abschmecken und im Kühlschrank ca. 30 Minuten herunterkühlen lassen. Die Brezen leicht angeschrägt in Scheiben schneiden und anschließend mit dem Auberginenpüree bestreichen.

Merhaba
LIBANON

Wein aus dem Libanon statt aus Frankreich? Libanesische Mezze statt spanische Tapas? Und das alles in München? Erweitere deinen Horizont und tauche ein in die Besonderheiten dieses faszinierenden Landes.

Der Libanon steht nicht unbedingt auf der typischen Reiseliste, doch gerade deswegen darf er auf unserer kulinarischen Weltreise nicht fehlen. Denn das kleine Land ist wunderschön, weltoffen und modern, es hat nicht nur gastronomisch, sondern auch kulturell und landschaftlich einiges zu bieten. Während du im wuseligen Beirut oder Tripoli von Restaurants oder Clubs umgeben bist und gleichzeitig das Meer direkt vor der Tür hast, kannst du in kürzester Zeit schneebedeckte Berge, dichte Wälder oder Kalksteingebirge erreichen.

Der Libanon ist mannigfaltig, allein schon historisch bedingt treffen hier verschiedene Sprachen, Kulturen und Weltanschauungen aufeinander. Angefangen vom antiken Griechenland, über das Heilige Römische Reich, dem Osmanischen Reich bis hin zu Frankreich. Diese kulturelle und politische Vielfalt ist an vielen Stellen auch heute spürbar.

So verwundert es nicht, dass auch die libanesische Küche ein bunter Mix ist. Die orientalischen, ostasiatischen sowie europäischen Einflüsse machen sie zu etwas ganz Besonderem. Es gibt viel zu entdecken und eine erlesene Geschmacksvielfalt zu kosten.

Viele typische Gerichte verbindest du dabei wahrscheinlich gar nicht unbedingt mit dem Libanon oder wusstest du, dass Hummus, Falafel oder Taboulé traditionell libanesisch sind? Was dich sonst noch erwartet, warum Knoblauch und Olivenöl zu den wichtigsten Zutaten gehören und wieso man den Libanon guten Gewissens als Salat-Land bezeichnen kann, wirst du bei unserer Auswahl an Restaurants in München selbst herausfinden.

SERVUS HABIBI
Schillerstraße 20

**BEIRUTBEIRUT
UND MANOUCHE**
Lindenschmitstraße 18,
Valleystraße19

BAALBEK
Karlstraße 27

Orientalische Sterne und Lampen im libanesischen Stil gibt es auf dem Tollwood-Festival zu entdecken.

SERVUS HABIBI

Libanesische Mezze ganz nach dem Motto:

Eat more Hummus

Die Gründungsgeschichte des Servus Habibi ist einfach: Treffen sich ein Bayer, ein Libanese und ein Israeli und machen zusammen ein Restaurant auf. Was sich daraus entwickelte, lässt auf mehr hoffen. Denn mittlerweile gibt es neben dem Restaurant am Hauptbahnhof auch eine kleine Filiale in der Fraunhoferstraße, die sich auf den Straßenverkauf konzentriert. Im Little Habibi gibt es neben den beliebtesten Mezze Manakish, ein knusprig gebackenes Fladenbrot auch verschieden belegt – zum Beispiel mit dem intensiven Zaatargewürz oder Spinat und Granatapfel.

Das Restaurant am Hauptbahnhof ist bis ins kleinste Detail durchgeplant und stylisch eingerichtet. Dunkle Wände und Tische, eine Bar aus altem Holz, Lampen im Industrial Style und orientalische Teppiche schmücken den Raum. Rote Kissen und das rote Geschirr, in dem die vielen Köstlichkeiten serviert werden, geben dem Ganzen noch den passenden Farbtupfer. Eine moderne Abwechslung im Bahnhofsviertel!

Das Motto des Servus Habibi: Eat more Hummus. Dementsprechend kannst du dort nicht nur die klassische Variante bestellen, sondern auch Rote-Bete-Hummus oder Karottenhummus. Wei-

LIEBLINGSGERICHT:
Miss Halloumi

ATMOSPHÄRE:
Streetfood

LIEFERUNG/ABHOLUNG:
Lieferung und Abholung möglich

ADRESSE:
Schillerstraße 20, 80336 München

tere Mezze wie libanesischer Brotsalat, Auberginencreme oder Petersiliensalat sind ebenso köstlich wie die Falafel. »Habibi« bedeutet übrigens übersetzt »Liebling« und Hummus, Baba Ganoush und Co vom Servus Habibi sind es definitiv wert, so genannt zu werden.

Die Bowl mit Halloumi, Kichererbsensalat, Rote-Bete-Hummus und Grillgemüse schmeckt übrigens besonders vielseitig und ist, wie die anderen Bowls, für alle, die mal etwas anderes als die typischen Mezze bestellen möchten. Dazu Gute-Laune-Beats und ein Gin Tonic aus der großen Auswahl an Gins und dein kulinarischer Ausflug in den Libanon wird perfekt.

BEIRUTBEIRUT UND MANOUCHE

Libanesisches Streetfood at its best

Mit dem BeirutBeirut sowie dem Manouche hat Khudor Lamaa seine libanesische Heimat in aller Varianz nach München geholt. Die beiden Lokale bieten raffiniertes libanesisches Streetfood – gesunde, frische Köstlichkeiten auf die Hand oder zum Essen an den einfachen Holztischen. Die Theken sind mit bunten Kacheln gefliest und an den Wänden hängen Fotografien aus dem Libanon.

Für die einmaligen Mezze gehst du am besten ins BeirutBeirut und bestellst einen Teller mit allem. Cremiges Hummus, Baba Ghanoush (eine Creme aus Aubergine), frisches Taboulé (ein Salat, der hauptsächlich aus Petersilie und Couscous besteht), würziges Fattoush (libanesischer Brotsalat), Falafel und eingelegtes Gemüse werden liebevoll in kleinen Schälchen serviert. Dazu gibt es einfaches Fladenbrot und viele duftende Kräuter.

LIEBLINGSGERICHT:

Baba Ghanoush

ATMOSPHÄRE:

Streetfood

LIEFERUNG/ABHOLUNG:

Lieferung und Abholung möglich

ADRESSE:

Lindenschmitstr. 18, 81371 München;

Valleystr.19, 81371 München

Manouche ist ein belegter, oft gerollter oder zusammengeklappter Teigfladen. Und viel mehr als das gibt es im Restaurant Manouche zusätzlich zu ein paar Vorspeisen auch nicht. Doch das reicht völlig aus, schließlich sind diese herrlich vielseitig belegt – frische Tomaten und intensive Minze immer inklusive. Wenn du dann noch Lust auf etwas Süßes hast, kannst du dich durch die libanesischen Desserts probieren. Es gibt Kurkuma- und Grießkuchen oder Zimt-Kümmel-Pudding – exotische und vielleicht ungewöhnliche Kombinationen, aber genau diese fremden Aromen machen unsere Entdeckungsreise ja aus.

BAALBEK

Kulinarische Vielfalt im edlen Ambiente

Das Baalbek hat seinen Namen von der gleichnamigen Stadt im Libanon, aus welcher der Besitzer stammt. Diese liegt in der fruchtbaren Bekaa-Ebene und vielleicht ist auch das einer der Gründe, warum im Restaurant von Hassanein Heleihel besonders viel Wert auf reife, frische Zutaten gelegt wird.

Probiere unbedingt einen der herrlichen Salate mit Zitronenbaumgewürz und tauche bei den verschiedenen Vorspeisen in ganz neue, faszinierende Geschmackserlebnisse ein. Oder hast du zum Beispiel schon mal Mangold mit Granatapfel und Zitrone oder frittierten Blumenkohl mit Sesampaste probiert? Die Auswahl der Vorspeisen ist gigantisch und spiegelt die Vielfalt der libanesischen Küche wieder. Am besten du bestellst von allem etwas und teilst dann mit deiner Begleitung – typisch libanesisch eben. Wenn du danach wider Erwarten immer noch Hunger hast, gibt es im Baalbek natürlich auch traditionelle Hauptgerichte, diese sind allerdings alle mit Fleisch oder Fisch.

Das Ambiente des Restaurants ist ausgesprochen schlicht und modern. Hohe Decken, helle Wände mit dezenten Bildern aus dem Libanon, dunkle Holzmöbel und dezentes Licht. Die Bedienungen bringen mit ihrer freundlichen, offenen Art die libanesische Herzlichkeit dazu und beraten gerne bei der Auswahl aus der riesigen Weinkarte oder bei der Zusammenstellung der Mezze. Die perfekte Umgebung also für einen schicken Abend unter libanesischem Motto.

LIEBLINGSGERICHT:
Fatayer Bil Sabanegh

ATMOSPHÄRE:
Fine Dining

LIEFERUNG/ABHOLUNG:
Abholung möglich

ADRESSE:
Karlstraße 27, 80333 München

Mit Khudor Lamaa von BeirutBeirut und Manouche

Was ist die Geschichte zu deinen Restaurants?

Nachdem ich Vater wurde, vertrug sich mein Bartender-Beruf nicht mehr mit einem Familienleben. Gleichzeitig zog es meine Mutter zurück in den Libanon und ich stellte erschrocken fest, wie sehr mir die libanesische Küche meiner Mutter fehlte. So fing ich an ihre Rezepte zu kochen, mit ihrer Anleitung via Skype. Von meinem Vater lernte ich alles über Falafel, seine Spezialität.

Zu dieser Zeit wurden bestimmte libanesische Gerichte wie Hummus, Falafel und Taboulé immer bekannter. Aber wie diese meistens angeboten wurden, tiefgekühlt oder als Fertigprodukte, motivierte mich, es anders zu machen. Ich hatte das Gefühl etwas geraderücken zu müssen.

Welches Gericht drückt Heimat für dich aus?

Manouche Zaatar- libanesische Pizza mit wildem Thymian. Das beliebteste Streetfood im Libanon und mein Lieblingsgericht.

Welchen Bezug hast du zum Libanon?

Ich bin im Libanon geboren und kam erst mit sieben Jahren nach Deutschland, also habe ich meine halbe Kindheit dort verbracht. Mein Bezug zum Libanon ist kulturell vor allem kulinarisch stark geprägt. Auch nach unserer Auswanderung gab es immer libanesisches Essen zuhause.

Was bedeutet für dich Heimat?

Mit Heimat verbinde ich als erstes prägende Kindheitserinnerungen. Für mich waren es die Gerüche und Düfte, die ich als Kind mit dem Libanon, meiner Heimat, verbunden habe. Bilder werden mit den Jahren immer schwächer, aber Gerüche vergisst man nie.

Was bedeutet für dich Reisen?

Ich habe das große Glück, in meinem Leben schon sehr viele Länder bereist zu haben. Es ist ein Privileg, ein Geschenk reisen zu dürfen, dessen muss man sich bewusst sein. Reisen ist für mich auch Freiheit, die viele Menschen nicht haben.

München meets $\longrightarrow$ Libanon

Kartoffeln treffen auf Kichererbsen. Zusammen mit Kartoffeln, frischen Tomaten sowie Kapern lernst du die Wunderhülsenfrüchte von einer ganz neuen Seite kennen und Kichererbsen zeigen einmal mehr, wie vielfältig sie in der libanesischen, aber auch in der Fusions-Küche eingesetzt werden können.

KARTOFFELPFANNE MIT HUMMUS

**ZUTATEN
(2 PERSONEN):**

- 250 g Kichererbsen
- 1 Knoblauchzehe
- ½ Zitrone
- Olivenöl
- 5 große Kartoffeln
- 2 frische Tomaten
- 30 g Kapern
- 1 TL Chili
- Salz
- Pfeffer

Kichererbsen über Nacht einweichen und anschließend nach Packungsbeilage kochen. Die gekochten Kichererbsen mit der geschälten Knoblauchzehe, dem Saft einer halben Zitrone und 6 Löffeln Olivenöl pürieren. Bei Bedarf Wasser hinzugeben. Die Creme sollte etwas flüssiger sein als normales Hummus, damit es sich nachher besser in der Pfanne verteilen lässt. Kartoffeln schälen, in Scheiben schneiden und in einer Pfanne anbraten. Tomaten würfeln und gemeinsam mit dem Hummus und den Kapern unter die braun gebratenen Kartoffeln mischen. Zum Abschluss mit Salz und Pfeffer sowie etwas Chili würzen.

Shalom
ISRAEL

In Israel treffen Geschichte und Moderne aufeinander. Während in Tel Aviv das Leben pulsiert und die hippe, moderne Großstadt bei Party-Freunden, Startup-Gründern oder Städtereisenden beliebt ist, geht es in Jerusalem etwas beschaulicher zu. Ist es nicht faszinierend, dass diese besondere Stadt gleichermaßen für Juden, Christen und Muslime eine so große Bedeutung hat? Wer in Israel stattdessen eher auf der Suche nach Erholung ist, kann sich im salzhaltigen Toten Meer treiben lassen oder mit einem Surfbrett auf den Wellen reiten. Und für Abenteurer lohnt sich außerdem ein Trip in die Wüste Negev oder den Red Canyon Nationalpark.

Während Israel, trotz der immer präsenten politischen Unsicherheit, im Laufe der Jahre zum Sehnsuchtsort vieler Reisender wurde, hat auch seine Küche weltweit immer mehr Bekanntheit gefunden. Doch was macht die israelische Küche eigentlich aus? Am besten erleben kannst du dies auf einem der vielen bunten Märkte, zum Beispiel in Tel Aviv: Wenn du an den Marktständen vorbei spazierst, die riesig aufgetürmten Kräuter, farbenfrohen Gewürze und allerlei andere frische Zutaten siehst, wenn du die intensiven Düfte einatmest und dir die spektakulären Aromen schon das Wasser im Mund zusammenlaufen lassen.

Das ganze Jahr lang kannst du in Israel fruchtige Tomaten, Auberginen, saftige Granatäpfel oder Avocados genießen, kein Wunder also, dass sich diese Zutaten zusammen mit Kichererbsen in verschiedenster Zubereitung, Bulgur oder Couscous in vielen traditionellen Gerichten wiederfinden. Kardamom, Zimt, Paprika und Kreuzkümmel gehören zu den typischen Gewürzen und die cremige Sesampaste Tahin ist ebenfalls ein israelischer Klassiker.

Ein bisschen israelisches Markt-Feeling und den Duft unterschiedlichster Gewürze kannst du in München beim Sommer- und Winter-Tollwood sowie auf manchen Christkindlmärkten erleben. Und auch bei einem Spaziergang über den Viktualienmarkt geben dir die vielen frischen Obst- und Gemüsesorten einen kleinen Eindruck von der Vielfalt der israelischen Märkte. Passende israelische Gaumenfreuden gibt es dann bei unseren Restaurantvorschlägen, die dich in die kreative Küche des Heiligen Landes entführen.

NENI
Bahnhofplatz 1

NANA MEZE & WINE
Metzstraße 15

ECLIPSE GRILLBAR
Heßstraße 51

Urbanes Großstadt-Feeling im Café Vorhoelzer erinnert an die Rooftop-Bars in Tel Aviv.

NENI

Israelische Mezze im Herzen Münchens

Das Neni ist ein Familienbetrieb im großen Stil. Benannt ist das Neni nach Haya
Molchos Söhnen Nuriel, Elior, Nadiv
und Ilan und jeder in der Familie bringt
etwas Farbe in das Food-Konzept des
Restaurants. Das Neni ist zugegebener-
maßen kein Unikat, schließlich ist das
Restaurant in quasi jedem 25hours-Hotel
zu finden, dennoch ist die israelische Küche dort solide und lecker. Das moderne
Restaurant am Münchner Hauptbahnhof
ist in zwei Bereiche aufgeteilt: ein großer
Gastraum mit Fußboden im Used Look,
hohen Decken und Kronleuchtern sowie
einem kleineren Urban Jungle mit gemütlichen Sofas und Korbstühlen.

Natürlich dürfen klassische israelische
Mezze nicht auf der Speisekarte fehlen
und so kannst du bei deinem kulinarischen Kurztrip nach Israel zum Beispiel zwischen Falafel, Tulum-Zigarren
(knuspriger Filoteig gefüllt mit Spinat,
Lauch und Käse), Süßkartoffeln aus dem
Ofen mit exotischem Sesam-Dressing
oder diversen Hummus-Varianten wählen. Oder du bestellst direkt ein Mezze
Trio, welches schön angerichtet auf einer Etagere serviert wird. Bei der kleinen
Auswahl an Hauptspeisen überzeugt vor
allem eine Streetfood-Spezialität aus Tel
Aviv: Sabich. Das würzige, intensive Gericht besteht aus gebackener Aubergine,
Hummus, weichem Ei und Tomatensal-

LIEBLINGSGERICHT:
Sabich

ATMOSPHÄRE:
Cozy Dining

LIEFERUNG/ABHOLUNG:
Lieferung und Abholung möglich

ADRESSE:
Bahnhofpatz 1, 80335 München

sa mit Tahin und Amba, einer Soße aus
Mangopickles.

Wenn du anschließend noch weiter essen kannst, solltest du unbedingt das
Dessert Knafeh probieren, eine Spezialität aus der Altstadt Jerusalems. Das süße
Gebäck ist mit einer Mozzarella-Ricotta-
Füllung veredelt und wird mit Orangen-
blütensirup und hausgemachtem La-
baneh-Eis serviert – eine wirklich süße
Verführung.

Übrigens: Für noch mehr Israel-Fee-
ling direkt in deiner heimischen Küche
kannst du dir das Tel-Aviv-Kochbuch des
Neni kaufen und die leckeren Gerichte
daheim nachkochen. Wenn das kein fa-
moser Ausblick für deine kulinarische
Reise nach Israel ist!

NANA MEZE & WINE

**Urlaubs-Feeling und gesellige
Gemütlichkeit in Haidhausen**

Im Nana Meze & Wine ist der Name Programm und die Leidenschaften der beiden Inhaber Jörg und David klar ersichtlich. Jörg ist für den Wein zuständig, David für die Köstlichkeiten auf dem Teller – beides zusammen ergibt eine grandiose Mischung. Im Nana wird Geselligkeit groß geschrieben, dafür sind Meze natürlich prädestiniert. Es gibt allein fünf verschiedene Hummus-Varianten, fruchtigen israelischen Krautsalat, cremigen Sellerie-Walnuss-Salat mit Joghurt oder Champignons in Kräutermarinade. Dazu israelisches Pita-Brot frisch aus dem Ofen und eingelegte israelische Gurken – was willst du mehr?

Etwas anderes als Meze? Bekommst du! Und zwar verschiedenste Varianten der typischen israelischen Shakshuka. Dieses würzige Tomaten-Paprika-Ragout wird mit Eiern überbacken und in einer Eisenpfanne serviert. Im Nana gibt es neben der klassischen roten Variante auch ein grünes Shakshuka mit Spinat – dieses ist mindestens genauso lecker wie der Klassiker.

Das Restaurant selbst strahlt eine warme, angenehme Atmosphäre aus. Die türkisen Wände und die hellen Holzmöbel ergänzen sich perfekt. Sobald es draußen wärmer ist, können die Fenster zum Gehsteig geöffnet werden und du kannst zudem direkt draußen an den bunten mit Mosaiksteinen beklebten Tischen sitzen. Zum Essen eine hausgemachte Zitronenlimonade mit frischer Minze und dein exotischer Kurztrip nach Israel ist perfekt.

LIEBLINGSGERICHT:

Shakshuka

ATMOSPHÄRE:

Cozy Dining

LIEFERUNG/ABHOLUNG:

Lieferung und Abholung möglich

ADRESSE:

Metzstraße 15, 81667 München

ECLIPSE GRILLBAR

**Bodenständig, lockere Atmosphäre mit
israelischem Charme**

In der Eclipse Grillbar gibt es mehr als nur Gegrilltes und auch Vegetarier kommen hier auf ihre Kosten. Also lass dich von dem Namen nicht irritieren und tauche ein in die Aromavielfalt der israelischen Küche mitten in der Maxvorstadt.

Der Gastraum des Eclipse ist in Ockertönen gestrichen, an den Wänden hängen bunt durcheinander Bilder aus Israel, verschiedene Chanukka-Leuchter sind zu entdecken und gemeinsam mit den dunklen Holzmöbeln herrscht in dem Restaurant eine angenehme Bodenständigkeit. Kein Schickimicki, sondern rustikale Gemütlichkeit. Beste Voraussetzungen also, um sich voll und ganz aufs Essen zu konzentrieren.

Typisch israelisch gibt es auch hier zunächst eine große Auswahl an Vorspeisen. Auberginen mit Tahin, Rote-Bete-Salat, Chilipaste und Co machen die Auswahl nicht leicht, sodass ein köstlich gemischter Vorspeisenteller dir die Entscheidung durchaus erleichtern kann. Natürlich fehlen auch verschiedenste Hummus-Varianten und knusprige Falafel nicht auf der Speisekarte, ebenso wie israelisches Fingerfood – Teigrollen mit unterschiedlichen Füllungen und Sesamsoße zum Dippen. Die Grillspezialitäten gehören für Fleischliebhaber natürlich ebenfalls

LIEBLINGSGERICHT:
Selek Adom

ATMOSPHÄRE:
Cozy Dining

LIEFERUNG/ABHOLUNG:
Lieferung und Abholung möglich

ADRESSE:
Heßstraße 51, 80798 München

zu den Klassikern des Restaurants. Also, auf geht's, entdecke die Spezialitäten der israelischen Küche und verbringe einen lebhaft-lockeren Abend voller exotischer Köstlichkeiten!

Und wenn du auf deiner kulinarischen Weltreise direkt einen weiteren Zwischenstopp einlegen möchtest, empfehlen wir dir die Gerichte aus Russland und dem Kaukasus, die sich ebenfalls einzeln bestellen lassen.

München meets $\longrightarrow$ Israel

Grünkohl trifft Shakshuka. Die israelische Spezialität bedeutet übersetzt »Mischung«, ideal also, um ein bisschen kreativ zu werden und Tomaten, Paprika sowie intensive Gewürze mit heimischem Grünkohl zu kombinieren. Das etwas andere Frühstücksgericht, das dich dem Nahen Osten garantiert näher bringt.

SHAKSHUKA MIT GRÜNKOHL

ZUTATEN
(2 PERSONEN):

- 1 Zwiebel
- 1 Knoblauchzehe
- 1 Paprika
- 1 Dose Tomaten mit Stückchen
- 2 EL Tomatenmark
- 3 EL Olivenöl
- ½ TL Kreuzkümmel
- ½ TL Paprikapulver
- ¼ TL Korianderpulver
- ¼ TL Chili
- 200 g Grünkohl
- 4 Eier
- 100 g Schafskäse
- ½ Bund frischer Koriander
- 4 Scheiben frisches Brot
- Salz
- Pfeffer

Zwiebel und Knoblauch schälen, beides fein hacken. Paprika in kleine Stückchen schneiden und alles in einer gusseisernen Pfanne mit dem Olivenöl ca. 15 Minuten andünsten. Nun die Gewürze dazugeben und kurz anbraten. Tomaten sowie Tomatenmark zufügen, gut durchrühren und weitere 15 Minuten einkochen lassen. Mit Salz und Pfeffer abschmecken. Den Backofen auf 180 Grad vorheizen.

Grünkohl putzen, in Streifen schneiden und in die Pfanne geben. Schafskäse in Stückchen schneiden und unter die Masse rühren. Nun vier Mulden formen und die Eier hineinschlagen. Die Pfanne für ca. 10 Minuten, bis die Eier stocken, in den Ofen geben. Zum Servieren mit dem gehackten Koriander bestreuen. Brot eintunken und genießen.

Salamno
ÄTHIOPIEN

Häufig sehen wir im Westen den afrikanischen Kontinent als ein Land und haben dabei schnell Stereotype im Kopf: exotische Tiere, traumhafte Sonnenuntergänge, endlose Weite und Armut. Dabei ist Afrika viel mehr als das und vor allem sind die einzelnen Länder so unterschiedlich, dass wir ihnen mit solchen Verallgemeinerung nicht gerecht werden.

So wurde Äthiopien im Gegensatz zu vielen anderen afrikanischen Ländern nicht kolonialisiert und Kultur sowie Zivilisation konnten sich nahezu ungestört entwickeln. Mit mehr als 120 ethnischen Gruppen zeigt sich die Vielfältigkeit dieses Landes. Und auch geografisch ist die Vielfältigkeit beeindruckend: endlose Salzwüsten, brodelnde Vulkane, zerklüftete Gebirgslandschaften und immergrüne Feuchtwälder.

Die äthiopische Küche unterscheidet sich stark von den Nachbarstaaten. Das Grundnahrungsmittel ist Injera, ein nussiges Fladenbrot aus Sauerteig. Dieses wird aus Teff-Mehl hergestellt und ist glutenfrei. Es wird in unterschiedlichste Soßen (ähnlich wie Eintöpfe oder Currys) getunkt. Besonders bekannt: Shiro, eine Art vegetarischer Kichererbseneintopf. Gewürzt wird in Äthiopien besonders mit Berbere, einer leicht scharfen Gewürzmischung, die meist aus Chili, Piment, Gewürznelken, Koriander, Ingwer, Kardamom, Kreuzkümmel und Zimt besteht – eine besonders aromatische Kombination.

Wenn du Äthiopien in München ein kleines Stückchen näher kommen möchtest, empfehlen wir dir, eine der wunderbaren Münchner Kaffeeröstereien zu besuchen und frisch gerösteten Kaffee direkt aus Äthiopien zu genießen, zum Beispiel im Man vs. Machine in der Müllerstraße oder im Fausto in Untergiesing. Schließlich wird Äthiopien als die Wiege des Kaffees bezeichnet. Denn ihren wahren Boom erlebte die Arabica-Pflanze in diesem ostafrikanischen Land und die Bohnen mit ihrer meist samtigen, fein säuerlichen Note sind weltweit gefragt. Also hoch die Tassen und gutes Genießen, bevor du dich weiter auf deine kulinarische Safari begibst!

Wenn du neben Äthiopien noch weitere Facetten der afrikanischen Küche kennenlernen möchtest, solltest du unbedingt das Makula im Dreimühlenviertel besuchen. Dort serviert Robert, der Chefkoch des Restaurants, neben Gerichten aus seinem Heimatland Togo wechselnde Spezialitäten aus Tansania, Nigeria, Marokko und Ägypten.

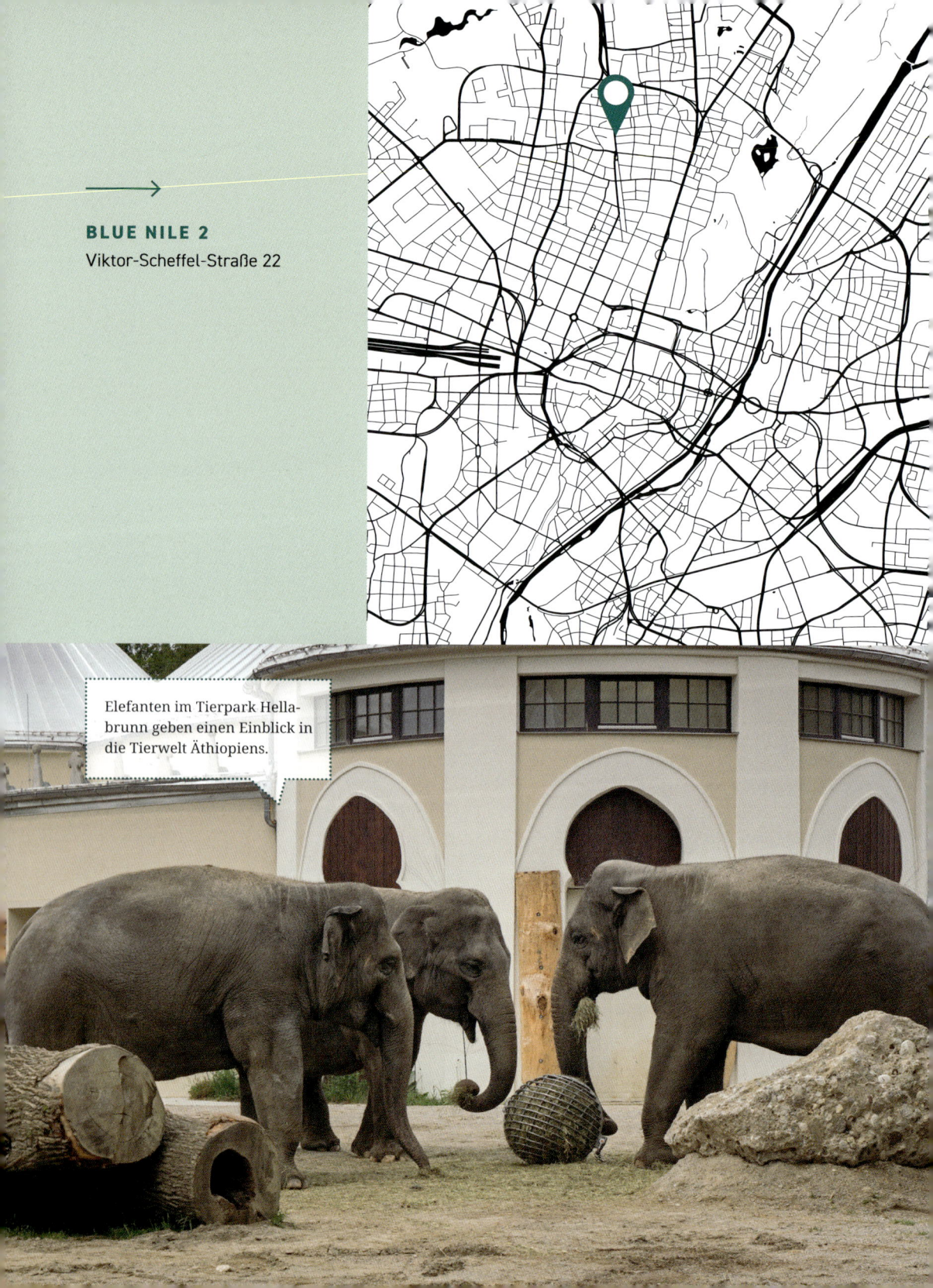

BLUE NILE 2
Viktor-Scheffel-Straße 22

Elefanten im Tierpark Hella-
brunn geben einen Einblick in
die Tierwelt Äthiopiens.

BLUE NILE 2

**Für einen Abend wird Schwabing zu
Äthiopien und die Ausläufer der Isar
zum Nil**

Der Blaue Nil entspringt im Nordwesten
Äthiopiens aus dem Tanasee und speist
gemeinsam mit dem Weißen Nil den
Nil. Das Restaurant ist eine Mischung
aus traditionell und modern. Die Wände
wechseln zwischen Backsteinoptik und
hellem Gelb. Ruhige, unaufdringliche
Bilder im afrikanischen Stil sind dort
aufgehängt. Neben einem klassischen
Restaurantbereich gibt es eine Sitzecke
mit niedrigen Tischchen, ungewöhnli-
chen Holzhockern und bunten Kissen –
perfekt für größere Gruppen.

LIEBLINGSGERICHT:
Ferni

ATMOSPHÄRE:
Fine Dining

LIEFERUNG/ABHOLUNG:
Lieferung und Abholung möglich

ADRESSE:
Viktor-Scheffel-Straße 22,
80803 München

Du kannst aus einer Vielzahl an Gerichten wählen, die auf einer Blechplatte
serviert werden, sodass alle vom Tisch
gemeinsam von dieser Platte essen. Und
die ist immer reichlich befüllt. Zum Eintunken in die verschiedenen Wots, den
typischen äthiopischen Soßen, wird Injera, ein traditionelles Fladenbrot aus
Sauerteig, gereicht. Die kräftig und authentisch gewürzten Speisen verwöhnen
deinen Gaumen mit neuen Geschmacks-
erlebnissen und entführen dich in die
besondere Welt der äthiopischen Küche.
Denn Kartoffeln, Linsen, Erbsen, Grünkohl oder Frischkäse kennen wir zwar
aus der deutschen Küche, doch wer hätte gedacht, dass diese Zutaten so vollkommen anders schmecken können, als

wir es gewohnt sind? Da gibt es zum Beispiel knusprige Sambusa (frittierte Teigtaschen) gefüllt mit würzigen Linsen,
hausgemachten äthiopischen Frischkäse mit Grünkohl oder als Dessert süße
Hirse, die nach Zimt und Kardamom
schmeckt.

Gegessen wird typisch äthiopisch mit
den Händen und mithilfe des Injera.
Auch wenn sich dies in einem Restaurant ungewohnt anfühlen mag: Machst
du nicht auch gerade deswegen diese
kulinarische Reise durch München? Um
Neues auszuprobieren und deinen Horizont zu erweitern?

München meets $\longrightarrow$ Äthiopien

Spinat trifft auf Teff. Probiere diese einzigartige Mischung und erfahre, wie dich heimischer Spinat gemeinsam mit Berbere und dem Superfood-Teff exotischen, äthiopischen Sphären näherbringen kann.

INJERA MIT SPINAT-WOT

ZUTATEN (2 PERSONEN):

- 400 g Teff-Mehl
- 1 Hefewürfel
- 800 ml lauwarmes Wasser
- 3 EL Olivenöl
- 500 g Blattspinat
- 2 Tomaten
- 1 Zwiebel
- 1 Knoblauchzehe
- 2 EL Berberegewürz

Den Hefewürfel zerbröseln und mit dem lauwarmen Wasser mischen. Anschließend das Teff-Mehl Schritt für Schritt dazugeben, bis eine glatte Masse entsteht. Den Teig über Nacht gehen lassen. Nach der Ruhezeit den Teig mit einem Schöpflöffel in eine Pfanne geben und bei geschlossenem Deckel 2–4 Minuten ohne Fett und ohne Wenden ausbacken. Wenn sich der Teig vom Pfannenrand löst, kann das Injera entnommen werden.

Für das bayerisch-äthiopische Wot die Zwiebel und den Knoblauch fein hacken und mehrere Minuten mit Olivenöl in einer Pfanne andünsten. Das Berberegewürz hinzufügen und weitere 2 Minuten erhitzen. Nun den gewaschenen Blattspinat dazugeben und immer wieder umrühren, bis er letztendlich zusammenfällt. Zum Schluss zwei klein geschnittene Tomaten untermengen und die Masse nach ca. 4 Minuten gemeinsam mit dem Injera anrichten und genießen.

Kalimera
GRIECHEN
LAND

Durchstreife Isar-Athen auf den Spuren Ludwigs I. und entdecke seine Hommage an das antike Griechenland – von den Gebäuden am Königsplatz bis hin zum Monopteros. Anschließend ein Glas griechischer Wein in einer Taverne und du träumst von grünen Hügeln, Meer und Wind.

Deine kulinarische Weltreise durch München ist wie eine Insel im Meer des Chaos, ein Anker in deinem Alltagsstress. Deshalb darf Griechenland auf keinen Fall auf der Reiseliste fehlen, schließlich kann das Land mit mehr als 3000 Inseln aufwarten.

Doch neben diesen Oasen im Mittelmeer, die umgeben sind von schimmerndem türkisblauem Wasser, ist Griechenland geprägt von weitläufigen Gebirgslandschaften, uralten Olivenhainen und einer traditionsreichen, mediterranen Küche. Wenn du dabei nur an Gyros, Souvlaki und andere Fleischgerichte denkst, liegst du vollkommen falsch. Denn die griechische Küche ist weitaus vielseitiger und besteht zum größten Teil aus frischem Gemüse, reichlich Salat, Hülsenfrüchten und ganz viel Olivenöl. Dazu gibt es dann Fisch, Käse und eben auch Fleisch.

Erste griechische Tavernen eröffneten in München übrigens in den 1960er-Jahren und waren zunächst ein Treffpunkt der linken Szene. Erst nach und nach etablierten sich auch immer mehr Szene-Griechen in der Stadt. Eines jedoch haben die Restaurants früher wie heute gemeinsam: eine bodenständige Küche und eine ausgelassene, familiäre Atmosphäre. Probiere es selbst aus! Lasse dich von der herzlichen Gastfreundschaft mitreißen und genieße deinen kulinarischen Kurztrip nach Griechenland! Darauf einen Ouzo, jamas!

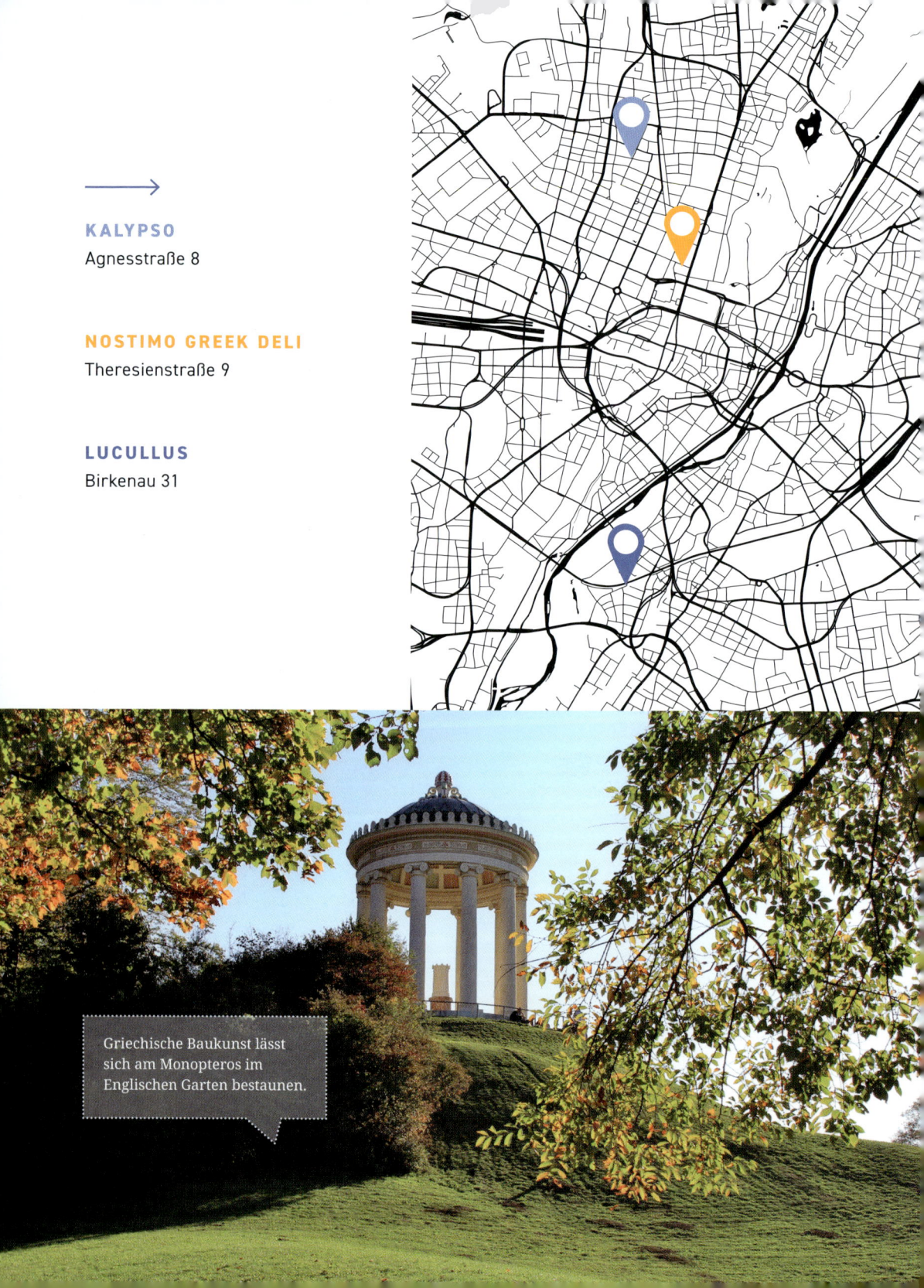

→

KALYPSO
Agnesstraße 8

NOSTIMO GREEK DELI
Theresienstraße 9

LUCULLUS
Birkenau 31

Griechische Baukunst lässt sich am Monopteros im Englischen Garten bestaunen.

NOSTIMO GREEK DELI

**Authentisches Delikatessen-Geschäft
und Tages-Café**

Es duftet nach Knoblauch, Olivenöl und würzigen Kräutern. Eine besondere Auswahl griechischer Produkte steht in den weißen Regalen und die blau gekachelte Wand mit dem Fischer-Bild darüber erinnert an eine gemütliche Lokalität am Strand – irgendwo zwischen Ionischem-, Ägäischen- und Mittelmeer. Wenn du die Tür des Nostimo Greek Deli öffnest, erwartest du sicherlich das Wellenrauschen zu hören und die griechische Sonne im Gesicht zu spüren – so sehr zieht einen die Atmosphäre des kleinen Ladens in seinen Bann.

Die Brüder Nicolas und Andreas Dritsoulas servieren im Nostimo Greek Deli hausgemachte, gesunde Spezialitäten zwischen Tradition und Moderne. Neben einer festen Speisekarte gibt es wechselnde Tagesgerichte und frische Mezedes – da fällt die Entscheidung bei einem Besuch besonders schwer. Unbedingt probieren solltest du die vortreffliche Spanakopita aus Filoteig mit Spinat und Feta. Zum Frühstück oder als Nachspeise führt außerdem kein Weg an dem cremigen Joghurt mit Walnüssen und Honig vorbei – ein griechischer Klassiker, der hier wirklich auf der Zunge zergeht.

LIEBLINGSGERICHT:
Spanakopita mit Spinat und Feta

ATMOSPHÄRE:
Streetfood

LIEFERUNG/ABHOLUNG:
Abholung möglich

ADRESSE:
Theresienstraße 9, 80333 München

Da es nur wenige Sitzplätze in dem kleinen Deli gibt, kannst du die leckeren Gerichte auch mitnehmen und es dir für noch mehr Griechenland-Feeling auf den Stufen der Glyptothek oder unterhalb des Monopteros im Englischen Garten bequem machen.

Übrigens: Wenn du noch das passende Catering für deine Party suchst, ist das Nostimo Greek Deli sicherlich der richtige Ansprechpartner. Es bietet nämlich auch Event-Catering an und bringt die leichte Mittelmeer-Küche an den Ort deiner Wahl.

KALYPSO

Herzliche griechische Gastfreundschaft

Das Kalypso ist eines der ersten griechischen Restaurants in München. Und auch wenn die Betreiber immer mal wieder gewechselt haben, die ausgelassene Stimmung und die Wohlfühlatmosphäre sind geblieben. Das helle Restaurant ist modern und stylish eingerichtet – weiß dominiert an Wänden und Möbeln, es wirkt ruhig, nicht überladen. Alles andere als ruhig ist es hingegen abends,. Zwischen lautem Stimmengewirr der Schwabinger Society, traditionellen Gerichten und Ouzo aufs Haus lässt sich griechische Gastfreundschaft hautnah erleben.

Bei den Hauptgerichten dominieren Fisch- und Fleischgerichte, doch die großartigen Vorspeisen, im Griechischen auch Mezedes genannt, bieten genügend vegetarische Optionen. Und was gibt es Besseres als einen Tisch voller kleiner Köstlichkeiten – angefangen von knusprigen Zucchinipuffern, saftigen gefüllten Weinblättern oder ungewöhnlichem Gelberbsenpüree?

Begib dich auf die Spuren Kalypsos, der griechischen Göttin des Meeres, tausche die Zugspitze gegen den Olymp ein und genieße die griechische Gastfreundschaft auf deiner kulinarischen Weltreise durch München!

LIEBLINGSGERICHT:
Tirokafteri

ATMOSPHÄRE:
Cozy Dining

LIEFERUNG/ABHOLUNG:
Lieferung und Abholung möglich

ADRESSE:
Agnesstraße 8, 80801 München

LUCULLUS

Ein Hauch griechischer Wärme mitten in München

Die griechische Taverne Lucullus ist weit über die Grenzen von Untergiesing bekannt für seine gesellige Atmosphäre und den gemütlichen Außenbereich. Denn während drinnen alles recht einfach und urig mit Holz vertäfelt ist, strahlt der Platz zwischen Birkenau und Claude-Lorrain-Straße gerade im Sommer voller Wärme und fröhliches Gelächter erklingt bis in die Abendstunden. Die bewachsene Pergola, die gepflasterte Straße und die kleinen Häuschen in der Nähe lassen dich schnell vergessen, dass du eigentlich in einer Großstadt bist.

Seit 1987 bewirtet das Lucullus seine Gäste mit frischen, hausgemachten Speisen. Besonders lecker ist die Vorspeisenplatte mit gefüllten Paprika, Tzatziki und Auberginencreme sowie Halloumi und gebackenem Gemüse. Die wechselnden Gerichte auf der Tageskarte sind facettenreich und auch Vegetarier werden hier glücklich. Es gibt neben herzhaften Fleischgerichten zum Beispiel würzigen Spinatsalat, Linsensalat mit fruchtigem Zitronen-Dressing oder cremigen Brokkoli-Blumenkohl-Auflauf.

LIEBLINGSGERICHT:
Gebackene Auberginen und Zucchini mit Tzatziki

ATMOSPHÄRE:
Cozy Dining

LIEFERUNG/ABHOLUNG:
Lieferung und Abholung möglich

ADRESSE:
Birkenau 31, 81543 München

Bei deinem kulinarischen Kurztrip nach Griechenland darf das Lucullus also auf keinen Fall fehlen, weil es die traditionelle und kreative Seite griechischer Gerichte zeigt, weil Essen in München nicht teuer sein muss, die Portionen aber trotzdem reichlich sein können, weil es herrlich entspannt und abseits des Mainstreams ist.

München meets $\longrightarrow$ Griechenland

Haferflocken treffen auf griechischen Joghurt. Dieses Gericht ist ein wahrer Energie-Booster und perfekt, um mit bayerischer Gemütlichkeit und griechischer Lebensfreude in den Tag zu starten.

GRIECHISCHER JOGHURT MIT GRANOLA

ZUTATEN (2 PERSONEN):

- 500 g griechischer Joghurt
- 200 g Haferflocken
- 50 g Nüsse (Walnüsse, Mandeln)
- 25 g Kerne und Samen (Chiasamen, Kürbiskerne, Sonnenblumenkerne)
- 20 g Kokosflocken
- 2 EL Olivenöl
- 2 EL flüssiger Honig
- 2 TL Zimt

Nüsse halbieren und zusammen mit den Haferflocken, den Kernen und Samen sowie den Kokosflocken und dem Zimt vermengen. Honig und Olivenöl dazugeben und gut verrühren. Die Masse auf einem Backpapier ausbreiten. Den Backofen auf 180 Grad vorheizen und das Granola ca. 15 Minuten backen, dabei immer wieder umrühren. Wenn die Mischung leicht gebräunt ist, herausnehmen, etwas abkühlen lassen und auf den griechischen Joghurt geben. Sollte Granola übrigbleiben, kannst du es in einem verschlossenen Behälter bis zu zwei Wochen aufbewahren.

Ciao
ITALIEN

Italien, das Land, in dem die Zitronen blühen. Das Land der weitläufigen Olivenhaine, der süßlichen Feigen und fruchtigen Tomaten. Italien, das Land in dem Essen nicht nur ein Sattmacher, sondern ein Genuss ist und natürliche, frische Zutaten ebenso dazugehören wie das gemütliche Beisammensein.

Die Italien-Sehnsucht ist in Deutschland spätestens seit Goethes Italienischer Reise quasi geschichtlich verankert und schließt nicht nur die italienische Küche mit ein. Träumst du nicht auch manchmal von den lieblich geschwungenen Hügeln der Toskana, den kargen Felswänden der Dolomiten oder dem türkis-blauen Meer des Gargano? Und findest du die prachtvollen Palazzi und Kirchen in Mailand, Bologna oder Rom nicht ebenso faszinierend wie die Gemälde und Statuen italienischer Künstler?

Doch denkst du an München, wenn du Sehnsucht nach Bella Italia hast? Wahrscheinlich eher nicht, dabei kannst du einige italienische Einflüsse in München entdecken. Viele Gebäude der Stadt haben ein italienisches Pendant zum Vorbild. Der Königsbau der Residenz ist zum Beispiel in Anlehnung an den berühmten Palazzo Pitti in Florenz entstanden. Und wenn du dich nach einem Besuch im Lenbachhaus und dem Betrachten der italienischen Meisterwerke entspannen möchtest, kannst du dich im wunderschönen Garten der Villa in die italienische Renaissance zurückversetzten.

Nicht nur architektonisch, sondern ebenso kulinarisch ist die italienische Küche in München so vielfältig, wie in den unterschiedlichen Regionen Italiens selbst. Und das Beste: Während du an einem Abend noch Südtiroler Knödel genießt, kannst du dir am nächsten schon handgefertigte Orecchiette aus Apulien schmecken lassen, ohne dazu fast 1000 Kilometer zurücklegen zu müssen. Also schnapp dir ein Glas Aperol Spritz, mach es dir zum Aperitivo bequem und lass dich von unserer Auswahl an Restaurants verführen!

IL PICCOLO PRINCIPE
Kapuzinerstraße 48

FINK'S
Klenzestraße 40

FORZA NAPOLI
Johannisplatz 23

»La dolce vita« lässt sich nach einem Museumsbesuch im Garten des Lenbachhauses genießen.

IL PICCOLO PRINCIPE

**Besonderer Feinkost-Laden, bei dem du
immer etwas entdecken kannst**

Wenn du die Tür zum kleinen, familien-
geführten Piccolo Principe öffnest, wirst
du sofort herzlich begrüßt. Familie Gri-
delli führt das Restaurant nun seit fast
30 Jahren voller Liebe für die italienische Küche. Sie kennen ihre Stammgäs-
te, plaudern mit Neuankömmlingen und
beraten bei der Speise- oder Getränke-
auswahl, sie sind immer da, aber nie auf-
dringlich. Benannt wurde das Restaurant
übrigens nach Francesca Gridellis Lieb-
lingsbuch »Der kleine Prinz«.

LIEBLINGSGERICHT:
Hausgemachte Gemüsevorspeisen

ATMOSPHÄRE:
Cozy Dining

LIEFERUNG/ABHOLUNG:
Abholung möglich

ADRESSE:
Kapuzinerstraße 48, 80469 München

An den Wänden des Feinkostladens hängen alte Schwarz-Weiß-Fotografien, in
den Holzregalen stehen verschiedenste
Weine, Olivenöl, Tomatensoßen oder
Cantuccini, ein Berg Zitronen liegt in einer Schale, frisches Brot in der Auslage.
Im Piccolo Principe gibt es immer etwas
zu entdecken, es ist voll, aber gemütlich.
Die Gäste sitzen in dem kleinen Restaurant an einfachen Holzmöbeln und bei
schönem Wetter auch draußen – alles
ganz ungezwungen und bodenständig.

Und genau so ist auch das Essen. Die riesige Vitrine präsentiert die vielen hausgemachten Antipasti: grüne Bohnen mit
Tomatensoße verfeinert, gegrillte Auberginen oder Zucchini, gebratener Fenchel
oder italienische Wurst- und Käsespezia-
litäten. Dazu luftiges frisches Brot in Olivenöl getunkt – allein davon könntest du
sicherlich schon satt werden. Auf hand-
geschriebenen Tafeln wird das wöchentlich wechselnde Menü gezeigt: Die aromatischen Bruschette sind dabei ebenso
köstlich wie die feinen Cappellacci mit
saisonaler Füllung oder das luftige Tira-
misu. Küchenchef Toni zaubert definitiv
immer etwas Leckeres auf deinen Teller.
Ein kräftiger Espresso zum Abschluss
rundet deinen Abstecher nach Italien
ab und München fühlt sich einmal mehr
wie die nördlichste Stadt Italiens an.

FINK'S

Südtiroler Hüttencharme und
gewagte Knödelexperimente

Das Konzept des Fink's ist einfach: Es gibt vor allem Knödel. Zum Beispiel traditionelle, besonders fluffige Kaspress- und Spinatknödel, würzige Rote-Bete-Knödel oder exotische Steinpilz- und Brennesselknödel mit verschiedenen Soßen. Und wenn du danach immer noch hungrig bist, warten die unterschiedlichsten süßen Knödelvarianten auf dich. Hier wird die Auswahl allerdings nicht leichter oder könntest du dich spontan zwischen Marillen-, Erdbeer- oder Nougat-knödeln entscheiden?

Wusstest du, dass Knödel ursprünglich ein Gericht der armen Bauern war, für die häufig übriggebliebene Zutaten verwendet wurden? Im Laufe der Jahre hat sich einiges geändert und die beliebten Teigbälle werden mittlerweile nicht mehr als Resteessen gesehen, sondern aus hochwertigen Zutaten und mit kreativen Rezepten zubereitet.

Die beiden Südtiroler, denen das Restaurant gehört, holen ihre Heimat nach München und schufen mit dem Fink's eine Dependance zum Gasthof ihrer Eltern in Bozen. Dort werden die lockeren Knödel hergestellt und auch sonst wird

versucht, so viele Zutaten wie möglich aus der norditalienischen Provinz zu beziehen.

Im schlicht gehaltenen Lokal fühlst du dich mit den urigen Holzmöbeln und den roten Polstern an den letzten Hüttenbesuch in den Bergen zurückerinnert, ein Glas frischer Südtiroler Wein und das freundliche Personal tun ihr Übriges. Beste Voraussetzungen also für einen Stopp bei deiner kulinarischen Weltreise im Norden Italiens.

LIEBLINGSGERICHT:

Spinat-Knödel

ATMOSPHÄRE:

Cozy Dining

LIEFERUNG/ABHOLUNG:

Abholung möglich

ADRESSE:

Klenzestraße 40, 80468 München

FORZA NAPOLI

Traditionelle Pizza mit Mehl und Tomaten
direkt aus Neapel

Der Ursprung der Pizza ist Neapel: krosser und gleichzeitig fluffiger Teig, fruchtige Tomatensoße und feinster Mozzarella. Nur ganz kurz bei größter Hitze gebacken – klingt alles eigentlich ganz einfach und doch kann man so viel falsch machen. Forza Napoli macht definitiv alles richtig, denn die Pizzen sind ein wahrer Genuss. Der Teig wird in Eigenarbeit hergestellt und ruht ganze 48 Stunden, die intensive Tomatensoße kommt direkt vom Golf von Neapel und abgerundet wird das Ganze durch verschiedenste köstliche Zutaten als Belag. Bei Forza Napoli gibt es keine Sitzplätze, am besten du isst deine Pizza zu Hause auf dem Sofa oder lässt sie dir in einem der nahegelegenen Parks schmecken. Alternativ kannst du beim zugehörigen

LIEBLINGSGERICHT:
Margherita Bufalina

ATMOSPHÄRE:
Streetfood

LIEFERUNG/ABHOLUNG:
Lieferung und Abholung möglich

ADRESSE:
Johannisplatz 23, 81667 München

Catering Napo Amo direkt einen Pizza-Foodtruck für deine nächste Feier organisieren.

München meets ⟶ Italien

Karottengrün trifft auf Pesto. Mit unserer nachhaltigen Pesto-Variante lernst du den italienischen Klassiker Pasta con Pesto in einer ganz neuen Form kennen. Und hättest du gedacht, dass Nudeln so einfach selbst zu machen sind? Probiere es aus und komme Bella Italia so ein Stückchen näher.

ORECCHIETTE MIT PESTO AUS KAROTTENGRÜN

ZUTATEN (2 PERSONEN):

FÜR DAS PESTO:
- 1 Bund Karottengrün
- 100 ml Olivenöl
- 1 Knoblauchzehe
- 2–3 EL Nüsse (Pinienkerne, Walnüsse oder Haselnüsse)

FÜR DIE NUDELN:
- 100 g Mehl
- 25 g Weizengrieß
- 1 Ei
- 2 EL Wasser
- 1/2 EL Olivenöl

Karottengrün gut waschen und schneiden, Knoblauchzehe schälen. Alle Zutaten mit einem Stabmixer pürieren. Bei Bedarf etwas Öl hinzugeben, wenn du das Pesto gerne cremiger möchtest. Mit Salz und Pfeffer würzen.

Mehl, Grieß und Ei mit einem Knethaken vermengen. Unter ständigem Rühren langsam das Wasser sowie das Öl dazugeben (bei Bedarf etwas mehr), sodass ein leicht feuchter Teig entsteht. Nudelteig 30 Minuten ruhen lassen. Anschließend kleine Teigstücke auf einer bemehlten Arbeitsfläche ca. 1 cm breit ausrollen. Dann in ca. 1 cm breite Stücke schneiden und mit dem Finger eindrücken, sodass eine Art Schale entsteht. Die geformten Orecchiette mindestens 30 Minuten ruhen lassen und zuletzt ca. 10 Minuten kochen. Mit dem Pesto anrichten und servieren.

Servus BAYERN

Bei deiner kulinarischen Weltreise bist du ganz schön herumgekommen. Da ist so ein Blick aufs heimische Bayern, auf das idyllische Voralpenland mit seinen zahlreichen Seen, den beeindruckenden Gebirgsmassiven, zahlreichen Flüsse und historischen Ortschaften auch mal wieder ganz schön, oder? Denn so faszinierend die vielen exotischen Länder auch sind, so gibt es auch daheim einiges zu entdecken. Warum also nicht mal die Wanderschuhe schnüren oder dich aufs Radl schwingen und ins Grüne aufbrechen – mit einer leckeren hausgemachten Brotzeit oder einem Picknick-Korb (der in München übrigens mittlerweile auch schon fertig gepackt angeboten wird, wie bei der St. Emmeramsmühle oder der Villa Flosslände)? Alternativ kannst du natürlich einen Zwischenstopp bei einem der vielen Gasthöfe in der Umgebung oder im Anschluss an deinen Ausflug direkt in München einplanen, um einige leckere Schmankerl zu genießen.

Denn eines steht auf jeden Fall fest: Auch Bayern hat kulinarisch einiges zu bieten und so dürfen unsere bayerischen Restaurantvorschläge auf deiner kulinarischen Weltreise natürlich nicht fehlen. Die traditionelle Küche ist deftig und bodenständig, sie ist geprägt von zahlreichen Fleisch- und Knödel-gerichten sowie von Mehlspeisen. Doch viele Wirtschaften werden kreativ, internationale Einflüsse kommen in den Speisen zur Geltung und auch vegetari-sche Gerichte werden vermehrt angeboten.

Als Abwechslung zu deinen Streifzügen durch München, die unter dem Motto ferner Länder standen, kannst du nun ja mal einen Spaziergang mit ganz anderem Fokus unternehmen und dir zum Beispiel die verschiedenen Viertel und ihre historische Entwicklung vor Augen führen. Anschließend eine zünftige bayerische Stärkung und ein kühles Bier in einem der drei Restau-rants und der Tag daheim fühlt sich fast wie Urlaub an.

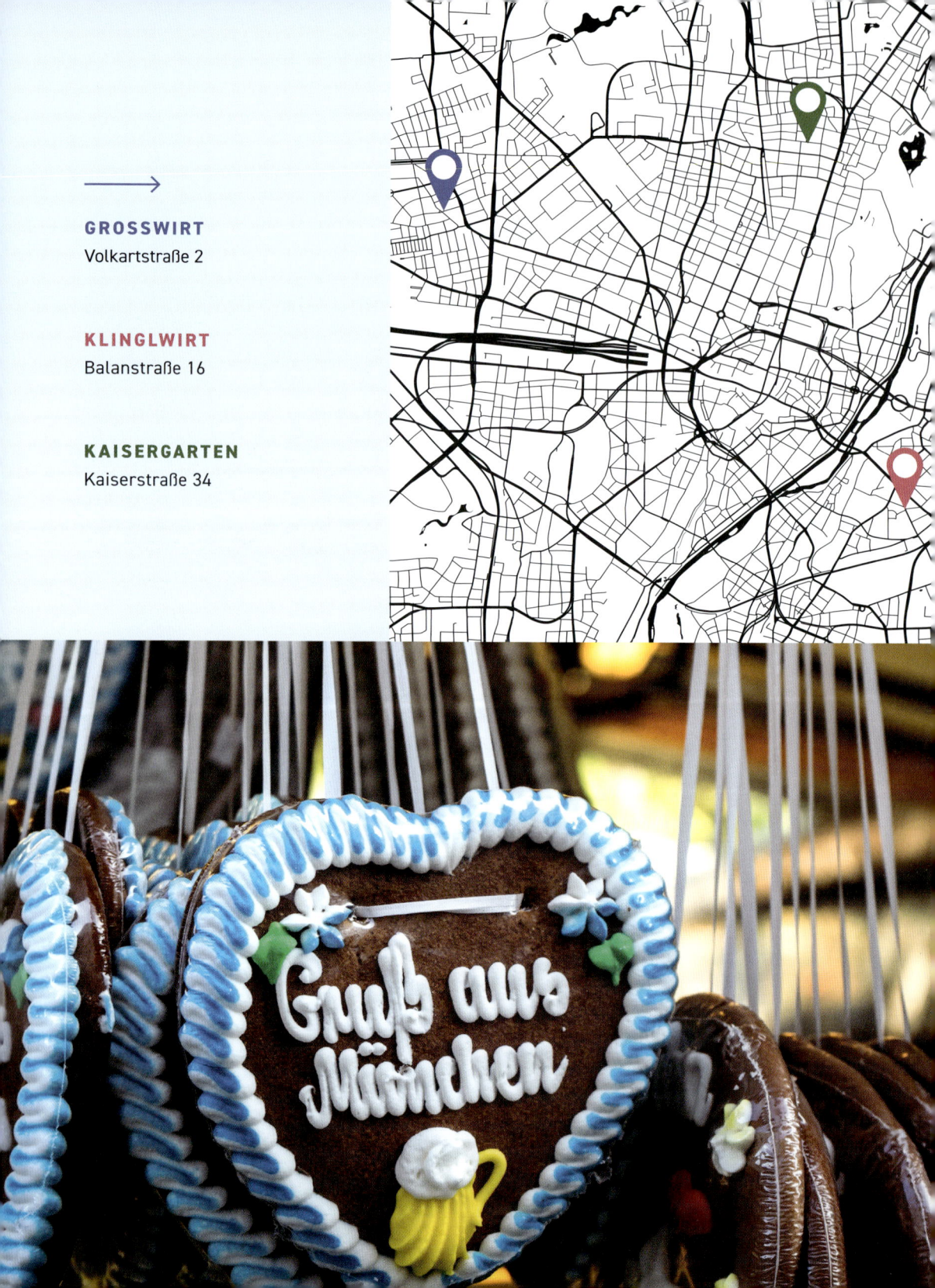

→

GROSSWIRT
Volkartstraße 2

KLINGLWIRT
Balanstraße 16

KAISERGARTEN
Kaiserstraße 34

GROẞWIRT

**Neuhausens ältestes Lokal mit
modernem Flair**

Vor mehr als 400 Jahren wurden in der Tafernwirtschaft Großwirt zum ersten Mal Speisen und Getränke verkauft. Damals war es das erste Lokal in Neuhausen und übernahm neben der kulinarischen Versorgung auch die Aufgabe der Poststation sowie Beherbergungen und Pferdestationen. Im Laufe der Jahrhunderte hat sich das Stadtbild komplett verändert, die Postkutschen sind Bussen und Autos gewichen und der Großwirt längst nicht mehr das einzige Lokal im Viertel.

LIEBLINGSGERICHT:
Käsespätzle

ATMOSPHÄRE:
Cozy Dining

LIEFERUNG/ABHOLUNG:
Abholung möglich

ADRESSE:
Volkartstraße 2, 80634 München

Doch was geblieben ist, ist das gute Essen. Dieses wird mittlerweile im recht modernen, hellen Gastraum serviert, dunkler Holzboden, helle Holzmöbel mit schwarzen Polstern – nur der Stuck an den Decken erinnert daran, dass die Räumlichkeiten schon viele Jahre auf dem Buckel haben. Bei schönem Wetter gibt es auch ein paar Plätze draußen zu beiden Seiten des Lokals – dir stehen also alle Möglichkeiten zum Schlemmen zur Verfügung.

Und zum Schlemmen gibt es wahrlich genug auf der wöchentlich wechselnden Speisekarte. Neben Klassikern wie Wiener Schnitzel, Wurstsalat oder Zwiebelrostbraten gibt es auch verschiedenste Salate und hausgemachte Käsespätzle.

Nicht gerade bayerisch, dafür aber hervorragend für Vegetarier geeignet, sind die israelisch-libanesisch inspirierten Gerichte wie Hummus, Shakshuka oder Falafel. Übrigens, wenn du das bayerische Wirtshaus schon am Morgen besuchen möchtest, wirst du mit verschiedenen reichhaltigen Frühstücksvariationen verwöhnt – ein Besuch lohnt sich also tatsächlich zu jeder Tageszeit.

Lass dich von den bayerischen Schmankerln überraschen, speise in einem Münchner Traditionslokalität und stell dir einmal vor, wie es um dich herum wohl vor 400 Jahren ausgesehen haben mag!

KLINGLWIRT

Nachhaltige bayerische Hausmannskost

Der Klinglwirt hat im Münchner Umland eine lange Tradition. In einem kleinen Dorf in der Gemeinde Glonn eröffnete Jakob Kirmair 1905 den Klinglwirt. Viel ist in der Zwischenzeit passiert, Kinder und Enkelkinder übernahmen die Wirtschaft, bis sie 1987 schließlich geschlossen wurde. Doch ein Vierteljahrhundert später öffnete der Klinglwirt unter der Leitung von Sonja Obermeier, der Urenkelin Jakobs, seine Türen erneut – diesmal in Haidhausen.

Die bayerische Wirtschaft kann aber noch viel mehr: Der Bio-Anteil der Speisen liegt bei 80 Prozent und eingekauft

wird so gut es geht aus regionaler oder ökologischer Produktion. Alle Gerichte sind natürlich hausgemacht, fast die Hälfte der Speisekarte vegetarisch. Alles ein bisschen anders, ein bisschen zeitgemäßer als viele andere bayerische Res-

taurants, doch das tut dem Charme des Klinglwirts keinen Abbruch.

Lässig, urig und gemütlich ist der mit Holz vertäfelte Gastraum und die cremigen Spinatspätzle, würzige Spinatknödel, der saure Knödelsalat oder die deftigen Schupfnudeln mit Sauerkraut schmecken authentisch und ganz traditionell. Beste Voraussetzungen also für einen typisch bayerischen Abend, um es dir nach deinen kulinarischen Ausflügen um die Welt mal wieder in heimischen Gefilden gut gehen zu lassen.

LIEBLINGSGERICHT:
Zweierlei Obazda

ATMOSPHÄRE:
Cozy Dining

LIEFERUNG/ABHOLUNG:
Lieferung und Abholung möglich

ADRESSE:
Kaiserstraße 34, 80801 München

KAISERGARTEN

Speisen unter uralten Eichen oder im stylischen Gastraum

Der Kaisergarten ist modern, mit viel Liebe zum Detail und einem Hauch bayerischem Charme eingerichtet. Die rustikalen Holzmöbel harmonieren mit dem sanften, dunklen Grünton an den Wänden und die weiße offene Bar ist ebenso ein Blickfang wie das Regal mit Holzscheiten und Blumen an der Wand. Im Sommer ist der schattige Biergarten aber natürlich beliebter, schließlich kannst du dort mitten in Schwabing im Grünen sitzen und dich verwöhnen lassen.

Den Kaisergarten selbst gibt es seit über 100 Jahren gegenüber von der St.-Ursula-Kirche mit ihrer wunderbaren Backsteinfassade. Mittlerweile wird hier typisch bayerische Küche mit Einflüssen aus aller Welt serviert, die Gerichte werden aus regionalen sowie saisonalen Zutaten zubereitet, dazu gibt es Ayinger Bier.

Die zweierlei Obazda sind cremig und schmecken hervorragend mit Zwiebeln, Meerrettich und der Breze. Auch die würzigen Bergkäsenocken mit Blattspinat oder die wechselnden Suppen machen dich sicherlich satt und zufrieden. Besonders zu empfehlen ist auch der karamellisierte Kaiserschmarrn mit Apfelmus und Zwetschgenröster – dauert zwar etwas in der Zubereitung, aber was gibt es Schöneres als unter einer riesigen alten Eiche zu sitzen und gemütlich plaudernd auf das Essen zu warten? Typisch bayerische Gemütlichkeit eben.

KULINARISCHE ERINNERUNG

wie Essen Identität und Verbindung schafft

Die Gerichte der Kindheit prägen uns, gerade in schwierigen Situationen geben sie Halt und schaffen Identität. Oft ist es dieses kulinarische Gedächtnis, das Einwanderer dazu bewegt, Restaurants zu eröffnen und damit Verbindungen verschiedenster Art zu schaffen.

Während sich meine Hände um die warme Suppenschüssel legen, ich den Duft von frischem Thymian einatme und die kleinen gerösteten Brotstückchen beobachte, die sich langsam mit Flüssigkeit vollsaugen, komme ich zur Ruhe. Ich merke, dass meine Gedanken aufgehört haben zu kreisen, dass mein Herz nun wieder ganz gleichmäßig schlägt und dass mich eine friedvolle Atmosphäre umgibt.

Mir wird bewusst, wie entschleunigend Kochen für mich ist und dass ich gerade in herausfordernden, mental belastenden Lebenssituationen ganz unbewusst Gerichte aus meiner Kindheit koche. Gerichte, die mir ein Gefühl von Wärme und Sicherheit geben. Intuitiv, ohne Rezept, ohne vorherige Planung scheinen meine Hände nach den Zutaten zu greifen und Essen für meine Seele zuzubereiten, so wie die fruchtige Tomatensuppe mit frischem Thymian und Croutons, die es früher meist zu Beginn des Herbstes gab. Ich erinnere mich an das deftige vegetarische Kartoffelgulasch, das meine Großmutter so oft für mich zubereitete. Wenn ich es heute esse, denke ich immer daran, wie ich am Tisch saß und ihr von der Schule erzählte, während sie in der Küche herumwerkelte. Und mir wird bewusst, wie sehr mich ein frisches Butterbrot beflügelt. Es erinnert mich an die Unbeschwertheit, die ich beim Spielen mit den Nachbarskindern empfand. Daran, wie ich mir zwischendurch ein paar leckere Brothappen schnappte, die meine Mutter liebevoll auf dem Terrassentisch vorbereitet hatte, um dann schnell wieder auf Bäume zu klettern oder im hohen Gras herumzutollen.

Die Küche unserer Kindheit prägt uns, sie schafft Identität, erzeugt ein Gefühl von Zugehörigkeit und Geborgenheit.

Wenn wir uns nach Ruhe und Beständigkeit sehnen, wenn wir unsere Heimat verlassen haben oder wenn wir existenzielle Probleme haben, sind es ganz oft die Gerichte unserer Kindheit, die uns beruhigen und trösten.

Zum einen hängt dies natürlich mit den damit verbundenen Erinnerungen zusammen, zum anderen ist die Zubereitung der Speisen nahezu unabhängig von Raum und Zeit möglich. Wir können quasi ein Stückchen Heimat überall hin mitnehmen beziehungsweise uns durch das Essen ein Gefühl von Heimat erschaffen. Einwanderer zieht es meist in größere Städte, sodass diese zwangsläufig eine stärkere kulturelle Vielfalt aufweisen, als ländliche Regionen. Deshalb wundert es nicht, dass die Gastronomieszene in vielen Großstädten auf der ganzen Welt eine riesige kulinarische Vielfalt aufweist: In London soll es die beste indische Küche außerhalb Indiens geben, an der Westküste der USA finden sich besonders viele japanische Restaurants und die Gastronomieszene in Sydney profitiert stark von vietnamesischen und thailändischen Einflüssen. Auch die Gastronomie in München ist geprägt von vielfältigen internationalen Einflüssen, welche die Stadt kulinarisch enorm bereichern.

Ausschlaggebend für eine Restauranteröffnung ist häufig das kulinarische Gedächtnis, welches in der Fremde an Bedeutung gewinnt. So zeigen die Geschichten vieler Restaurants, dass die Inhaber ihre heimische Esskultur vermissen, die Restaurants häufig als Treffpunkt mit Landsleuten fungieren, sie aber zugleich auch kulinarische Traditionen in ihrem neuen Umfeld vermitteln möchten.

Genau diese fremden Gerichte sind es, die wiederum Einheimische vor Ort faszinieren, die neugierig machen auf unbekannte Länder oder die an den letzten Urlaub erinnern. Essen verbindet, Essen schafft Brücken – zwischen alter und neuer Heimat, zwischen Fremde und Gewohnheit, zwischen Vergangenheit und Gegenwart, zwischen Menschen.

Der Kabarettist Helmut Qualtinger sagte einmal: »Man kann in München italienisch, jugoslawisch, spanisch, türkisch, indonesisch, chinesisch, man kann in einigen Lokalen sogar international essen; sonst kann man in München nicht essen.« Dass wir ihm hier nicht vollkommen zustimmen beziehungsweise sich im Laufe der Jahre einiges geändert hat, zeigt der kulinarische Ausflug zu den bayerischen Lokalen am Ende dieses Buches. Doch mit einem hat er in jedem Fall Recht: Die Küche in München ist vielfältig und München is(s)t wie die weite Welt.

QUELLEN UND BILDNACHWEISE

Quellenangaben Essays

https://www.duden.de/rechtschreibung/Heimat
https://ome-lexikon.uni-oldenburg.de/begriffe/heimat
https://kulturwissenschaften.files.wordpress.com/2015/10/manfredseifert_heimat-
   und-spacc88tmoderne.pdf
https://www.audimax.de/urlaub-reisen/fernweh-warum-es-uns-in-die-ferne-zieht/
https://www.literaturportal-bayern.de/themen?task=lpbtheme.default&id=277
Reventlow, F. von: Von Paul zu Pedro. Amouresken. München: Albert Langen, 1912.
Schlink, B.: Heimat als Utopie. Frankfurt/M: Suhrkamp, 2000.
Marquart, V.: Kulinarisches Gedächtnis, Warum das Essen uns erinnert.
   In: Zwei Kugeln Süss-Sauer mit Scharf. München: Allitera Verlag, 2020.

Bildnachweise

Umschlaggestaltung und Farbillustrationen von Annika Mittelmeier
Alle Bilder: Sabrina Fiorin, außer:
Weltkarte Vektorgrafik von vectorlight/Shutterstock.com: S.6/7; Mit Landkarten
von Tish11/Shutterstock.com: Buchumschlag Innenseiten; o.r. S.10, o.r. S.18,
o.r. S.28, o.r. S.38, o.r. S.46, o.r. S.54, o.r. S.62, o.r. S.68, o.r. S.76, o.r. S.84, o.r.
S.100, o.r. S.110, o.r. S.118, o.r. S.126, o.r. S.134, o.r. S.142, o.r. S.152, o.r. S.162,
o.r. S.170, o.r. S.176, o.r. S.184, o.r. S.192; Mit Farbfotos von travelview/Shutter-
stock.com: u.l. S.10; PIXEL to the PEOPLE/Shutterstock:com: u.l. S.18; FooTToo/
Shutterstock.com: u.l. S.28; trabantos/Shutterstock.com: u.l. S.38; Frank Lam-
bert/Shutterstock.com: u.l. S.46; Vladimir_Vinogradov/Shutterstock: u.l. S.54;
DiegoCityExplorer/Shutterstock.com: u.l. S.62; Adrian Sauer/Shutterstock.com:
u.l. S.68; Frank Lambert/Shutterstock.com: u.l. S.76; np/Shutterstock.com: u.l.
S.84; daktales.photo/Shutterstock.com: u.l. S.100; Andreas Prott/Shutterstock.
com: u.l. S.110; Matej Kastelic/Shutterstock.com: u.l. S.118; frantic00/Shutters-
tock.com: u.l. S.126; Viacheslav Lopatin/Shutterstock.com: u.l. S.134; Robert
and Monika/Shutterstock.com: u.l. S.142, Intrepix/Shutterstock.com: u.l. S.152;
Simon Lukas/Shutterstock.com: u.l. S.162; Richard Bradford/Shutterstock.com:
u.l. S.170; Myriam Keogh/Shutterstock.com: u.l. S.176, footageclips/Shutterstock.
com: u.l. S.184; Timo Nausch/Shutterstock.com: u.l. S.192

Danksagung

Vielen Dank an unsere Partner, Freunde und Familie für die vielen Inspirationen, kreativen Impulse und die Unterstützung! Und vielen Dank an Sabrina für die tollen Restaurantfotos.

Originalausgabe Oktober 2021
Allitera Verlag – Ein Verlag der Buch&media GmbH, München
© 2021 Buch&media GmbH, München
Design und Illustration: Annika Mittelmeier, Idee und Text: Laura Werther
Gesetzt aus Notos Serif, Din 2014 und Ballers Delight
Printed in Europe · 978-3-96233-284-6

Allitera Verlag
Merianstraße 24, 80637 München
fon 089 13 92 90 46 mail   info@allitera.de   web www.allitera.de

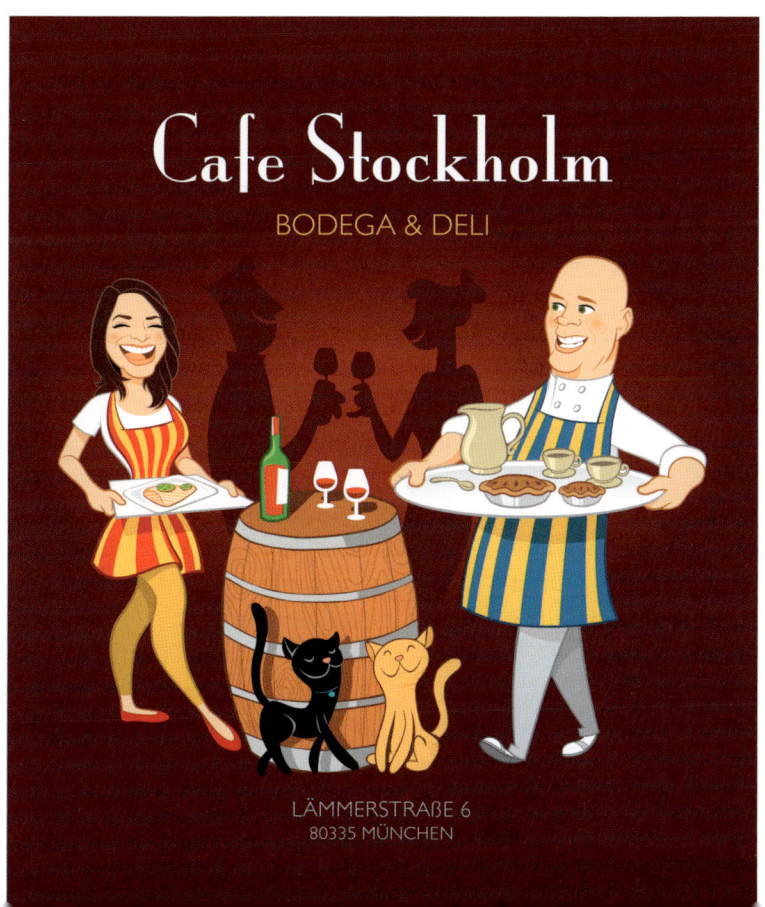

CORDOBAR
TAPAS
with Love

WWW.CORDO-BAR.DE

ADRESSE

Ickstattstraße 1a
Ecke Klenzestraße
80469 München
(089) 603 202

ÖFFNUNGSZEITEN

Mo – Do	15:00 - 1:00
Fr	15:00 - 2:00
Sa	12:00 - 2:00
So/Feiertags	12:00 - 0:00